ESSAI

SUR L'USAGE, L'ABUS

ET LES

INCONVENIENS

DE LA TORTURE,

DANS LA

PROCÉDURE

CRIMINELLE.

PAR MR. S. D. C.

(Seigneux de Correvan)

A LAUSANNE,

Chez **FRANÇOIS GRASSET & Comp.**
Et se vend à **MONS**,
Chez **HENRI HOYOIS**, Imprimeur-
Libraire.

M D C C L X X I X.

AVANT-PROPOS.

POur justifier l'essai que je présente au public en général, & à ma Patrie en particulier, sur la Torture, je ne pourrois rien dire de plus raisonnable, ce me semble, que ce que je viens de lire depuis ma dissertation finie, dans celle d'un sage & savant Jurisconsulte d'Italie, sur les vices ou les défauts qui pourroient se trouver dans la Procédure Criminelle,

» Cet usage de la Torture, » dit-il, a tellement vieilli parmi nous, qu'il semble à quelques-uns de ses partisans, que » ce soit médire des Magistrats » que de le blâmer ; mais je suis

AVANT-PROPOS.

» bien éloigné de penser de
» cette maniere. Je crois, au
» contraire, que lorsque par
» quelque erreur si naturelle à
» l'homme & particulierement
» en des tems de barbarie, il
» s'est glissé quelque vice dans
» l'administration de la police
» ou de la justice : si ce vice sur-
» tout s'étend au loin en divers
» Pays, on ne peut rien faire de
» plus agréable à de bons Magis-
» trats, que de les en avertir li-
» brement & publiquement,
» pour les engager plus forte-
» ment à le réformer. Seroit-ce
» leur faire honneur que de les
» croire inflexibles dans leur fa-
» çon de penser ? L'autorité ci-
» vile sera toujours pour moi in-
» finiment respectable ; mais je
» ne saurois me persuader qu'on

» puiſſe confondre le reſpect
» avec la foibleſſe ou l'adula-
» tion ; & je ne ferai jamais aux
» Chefs des Etats l'injure de
» ſoupçonner que la vérité puiſſe
» leur déplaire , comme elle
» déplaît bien ſouvent au peu-
» ple , ou de ſuppoſer qu'ils ſe
» croient affranchis de la Loi
» commune , qui expoſe les plus
» ſages hommes à ſe tromper.

Hic uſus quæſtionis , (dit Mr.
RISI) *& apud nos jam diu incre-
buit , ut propterea eum vituperare
qui auſit , Magiſtratibus obtrectare
non nemini videatur : ſed immane
quantum meum ab eorum Judicio
diſcrepet. Ego contra ſic exiſtimo
Magiſtratus omnes nihil malle ,
quàm , ſi quid vitii in Rempublicam
gerendam errore hominum , quod
neceſſe eſt , aut temporum barbarie*

'AVANT-PROPOS.

*furtim irrepferit , ac longiùs & la-
tiùs ferpat , de eo palàm ac liberè
admoneri, uti ad id opprimendum
vehementiùs excitentur ; neque un-
quàm probavi eorum fententiam
qui fe multum honoris Magiftrati-
bus deferre putant , fi eos indociles
effe fenferint : itaque nihil me publi-
cæ autoritatis obfervantiùs ingenuè
præ me fero ; fed non is ego fum qui
obfervantiam cum affentatione aut
pufillanimitate confundam, quique
Reipublicæ moderatoribus hanc injuriam faciam , ut fufpicer veritatem non minùs iis quàm Plebeculæ,
ac Popello odiofam fore ; vel eos id
fibi tribuere, ut fe pofitos extra
commune errandi difcrimen exifti-
ment.*

PAULI RISII. J. C. animadver-
fiones ad Criminalem Jurifpruden-
tiam, page 20.

ESSAI

SUR L'USAGE, L'ABUS

ET LES INCONVÉNIENS

DE LA TORTURE,

DANS LA

PROCÉDURE CRIMINELLE.

LEs Loix étant faites pour régler la conduite des hommes, & sur-tout celle des Juges, il importe extrêmement à ceux qui peuvent en être les objets, comme à ceux qui en font en quelque forte les Miniftres & les Interpretes, d'en bien connoître le fens. La fociété entiere eft intéreffée à ce qu'il n'y ait ni méprife, ni excès dans leur application aux divers cas fur lefquels les Tribunaux doivent

A 4

prononcer. C'est dans cet esprit, & dans la seule vue de l'utilité publique, que j'examine la Loi 54 du *Plaid Général de Lausanne* (a), qui a pour Titre,

ADJUDICATION
A LA TORTURE:
COMMENT SE DOIT FAIRE.

Nul ne peut être adjugé ou mis à la Torture, ni au Château de Lausanne, ni à l'Evêché & Jurisdiction de Lausanne, sans qu'il soit préalablement connu digne & coupable d'icelle, par les Commis du Conseil de Lausanne. Que si par leur ordonnance il y est adjugé, il devra être torturé en particulier, & en présence de la Justice, ou Commis d'icelle, & non publiquement & devant tout le peuple.

Cette Loi est en bonne partie conforme à celle de l'ancien *Placitum Generale* de la même Ville, de l'année 1368, qui porte :

(a) Le *Plaid Général* est la coutume écrite de la Ville de Lausanne, des quatre Paroisses de la Vaux, de la Ville d'Avenches & des lieux en dépendans.

Si quis fit detentus aliquo casu, non debet torqueri feu detrendre (b), per Dominum feu per alium, nifi fuerit cognitum per magnam Curiam fecularem, concorditer; & fi fuerit cognitum quòd debeat torqueri, in fecreto non debet torqueri, fed palàm omnibus qui intereffe voluerint.

Si je m'en tenois à cette ancienne Loi, je dirois & je ferois fondé à dire que l'Evêque & Prince de Laufanne, quoique Haut Seigneur, ni aucun de fes Officiers ne pouvoit faire mettre un prifonnier à la Queftion, qu'auparavant ce prifonnier n'y eût été adjugé par une délibération unanime de la Grande Cour féculiere, compofée du Chapitre, de la Nobleffe & de la Bourgeoifie de cette Ville, folemnellement convoquée fous la Préfidence du Seigneur Evêque, ou de fon Baillif. Que même lorfque le cas feroit jugé affez grave pour admettre la Torture, elle ne feroit point donnée en fecret; mais en public, *Palàm* & fous

(b) *Detrendre*, mot du langage du Pays qui fignifie ferrer.

les yeux de tous ceux qui voudroient y assister.

Il est évident que cette Loi étoit faite pour mettre à couvert les Citoyens & les sujets, de toute violence contraire à leur liberté & aux loix, en des tems qui touchoient encore à la barbarie ; & l'on y voit de plus avec satisfaction , que malgré cette barbarie qui offusquoit souvent les principes de l'humanité & d'une saine Jurisprudence , on répugnoit tellement à l'odieux moyen de découvrir la vérité par les tourmens, qu'il falloit l'unanimité entiere des voix, dans un Tribunal nombreux , pour l'autoriser ; *Nisi fuerit cognitum concorditer* , en sorte qu'un seul suffrage contraire ſpouvoit l'exclure.

La Loi moderne a corrigé quelque chose à la forme de l'ancienne , au cas que la question fût admise : au lieu de la donner devant tout le peuple, cette Loi y a substitué pour témoin le Corps représentatif de la Justice , & les Commis du Conseil , sans doute pour qu'une

féance fi grave, fi intéreſſante ne fût
ni troublée, ni diſtraite du grand objet
de diſtinguer par l'attention la plus ſui-
vie, le crime d'avec l'innocence ; le vrai
coupable, de celui qui n'auroit contre
lui que des apparences douteuſes : mais
en ôtant à une foule qui pourroit de-
venir tumultueuſe, la liberté d'aſſiſter à
cette opération également funeſte & cri-
tique, la Loi moderne a conſervé au
Conſeil de Lauſanne & à ſes Commis,
un droit bien précieux ; celui de déter-
miner ſi la Queſtion devoit être donnée ; enſorte qu'elle ne put jamais être
ni décernée, ni infligée, ſans ſon expreſſe & préalable délibération. Je vais
en peſer les expreſſions avec le détail
qu'elles méritent.

Nul ne peut être adjugé ou mis à la
Torture, (dit la Loi) *ſans qu'il ſoit*
préalablement connu DIGNE *&* COUPABLE
d'icelle, par les Commis du Conſeil de
Lauſanne, ou, pour parler ſelon la pratique, par le Conſeil même, enſuite du
rapport qui lui eſt fait de l'état de la

Cauſe par ſes Commis, auxquels en conſéquence de ce rapport il donne ſes inſ-
truƈtions. Le Conſeil eſt donc l'arbitre
de cette queſtion importante : *le Pré-*
venu eſt-il DIGNE *par les circonſtances*
de ſubir l'épreuve de la Torture ? ou eſt-il
COUPABLE *par ſon fait propre, de façon à*
la mériter ?

Peut-être en liſant la Loi, quelques
Leƈteurs trouveront au premier abord
que les expreſſions *Digne* & *Coupable* ſont
ſynonymes, & ne déſignent que la même idée, avec une légere nuance qui la
fortifie : j'ai cru cependant qu'un Légiſlateur ne prodiguoit pas les termes
ſans néceſſité; & que ceux-ci caraƈtéri-
ſoient deux cas différens, ou deux qualifications, dont la derniere avoit plus
de rapport au délit, & rendoit le Détenu plus ſuſpeƈt de l'avoir commis. Ce
que je tâcherai de développer.

I. QUESTION.

Le Prévenu est-il digne de subir par les circonstances l'épreuve de la Torture ?

℞. Les Criminalistes répondent qu'il peut l'être.

1. Lorsqu'interrogé par le Juge, il s'obstine malgré les sommations réitérées qui lui sont faites, à garder un profond silence, ou à refuser de répondre aux questions qu'on lui adresse.

2. Lorsqu'ayant satisfait à ce premier égard, & le délit dont il est question méritant de sa nature une peine capitale, il se trouve contre lui une demi-preuve, ou, selon d'autres, un témoin *de visu*, avec les indices ; ensorte, disent-ils, qu'ils n'y ait aucun autre moyen de parvenir à la découverte de la vérité ; de completter la preuve du crime ; ou d'opérer la pleine & entiere conviction de celui que l'on présume en être l'Auteur.

Dans *le cas* du silence obstiné, ou du

refus de répondre, les Criminalistes con-
viennent que la Torture ne peut être
admise, à moins que le crime dont il
s'agit ne mérite une peine capitale, ou
tout au moins, selon d'autres, une peine
afflictive & infamante ; & que dans ce
cas même, le Juge ne peut l'employer,
qu'après avoir épuisé inutilement les menaces, & feulement lorsque le détenu a
contre lui des indices-très violens. Ils
ajoutent que cependant la Torture lui
fera donnée, non pour lui faire avouer
le crime ; mais pour le forcer à répondre ; le Juge ne devant alors lui de-
mander autre chose, si ce n'est, *veux-
tu répondre ?*

Je conviens que celui qui refuse obs-
tinément une chose qui est en fon pouvoir, à celui qui a droit de la lui de-
mander, lors fur-tout qu'il importe à
la fociété de l'obtenir, mérite une peine
proportionnée à fa défobéiffance, ou que
l'on employe à fon égard des moyens
capables de vaincre fon obftination.
Comme il eft au pouvoir de tous ceux

qui ont la faculté de la parole & de
l'ouïe, de répondre aux queſtions qui
leur ſont faites ; & qu'il eſt contre la
nature & la raiſon qu'une perſonne
s'obſtine à garder le ſilence, lorſque ſon
plus grand intérêt le ſollicite à parler :
le premier ſoin & le premier devoir du
Juge ſera de chercher à démêler d'où
peut venir une conduite ſi extraordinaire : ſi c'eſt démence, trouble, mélancolie, mépris de la vie ; ou ſi ce ſeroit déſobéiſſance affectée, artifice, ou
conviction intérieure du crime commis,
à la peine duquel *le Détenu* ſe flatte d'é-
chapper par ſon ſilence ou par ſon refus.

Si c'eſt l'effet du trouble & de la ter-
reur, la charité, la ſimple humanité,
veut qu'on le ménage ; qu'on lui donne
le tems de penſer & de ſe remettre ;
qu'on l'exhorte, qu'on le tranquilliſe,
par tous les moyens capables de le raſ-
ſurer, en cas d'innocence. A la vérité,
il eſt très-peu probable qu'on voye jamais un homme chargé d'un crime dont
il ſe ſent innocent, refuſer de parler

pour sa justification ; à moins qu'il ne
soit en démence, il ne se laissera condamner, ni traiter comme coupable,
faute d'alléguer tout ce qu'il pourra
dire pour sa défense.

Si le refus de parler ou de répondre,
paroît venir d'une obstination affectée,
ou d'une désobéissance formelle, le détenu mérite d'en être puni : mais il
peut l'être d'une autre maniere que par
les tourmens de la Question ; comme
feroit par une prison plus dure, ou une
alimentation plus rigoureuse, avec des
sommations réitérées à diverses fois &
en divers tems, en le menaçant d'être
enfin jugé & condamné comme convaincu.

Si le Juge a tout lieu de croire, sur
la force & le nombre des indices, que
le détenu se sent coupable, toute sa
ressource & même son devoir sera de
faire de nouveaux efforts & de nouvel-
les recherches pour opérer son entiere
conviction ; & s'il étoit possible qu'un
homme chargé d'un crime capital, par

les circonſtances , ou par des indices graves, perſévérât dans un ſilence obſtiné, peut-être pour s'épargner la confuſion d'avouer ſon crime, on ne lui feroit aucun tort , & l'on procéderoit même plus régulierement à mòn avis , en prononçant ſa ſentence, & en le jugeant coupable comme on le feroit ſur ſon aveu; ſur-tout ſi le Juge tempéroit la peine en conſidération de ce que la preuve ne paroîtroit pas complette , & qu'il ne feroit pas dans le cas de la pleine conviction. Ce procédé feroit ſurement plus juſte que celui de la Torture, qui auroit toujours ces deux grands inconvéniens; le premier, qu'il paroît être diſproportionné à la nature du cas, ſi le délit bien avéré ne devoit être puni que d'une peine afflictive & infamante, étant vu dans toutes ſes circonſtances; le ſecond , que de l'aveu des Criminaliſtes les plus raiſonnables, cette Torture employée comme un moyen de vaincre l'obſtination, n'effaceroit , ou ne confirmeroit aucun des indices faiſant au délit; enſorte que venant enſuite au fait

principal du crime, il faudroit, selon
leurs principes, répéter les mêmes tourmens.

Je viens au *second cas*, dans lequel
j'ai dit qu'on pourroit juger le prévenu
digne de la Question ou de la Torture;
lorsque le délit méritant par sa gravité
une peine capitale, ce prévenu se trouve
chargé par les circonstances de façon à
pouvoir en être présumé l'Auteur; ce
qui a lieu lorsqu'il a contre lui une demi-preuve, accompagnée de divers indices. C'est sous cette face que l'envi-
sagent les Criminalistes, lorsqu'ils décident qu'un détenu pour crime, c'est-
à-dire, à l'occasion d'un crime capital
& réellement commis, *est digne de la
Question*. Ici j'observerai que ceux qui
ont écrit sur cette matiere, ceux qui ont
commenté les Loix, & les Praticiens,
n'ont pas assez distingué, ce me semble,
deux choses qui méritoient d'être envi-
sagées séparément ; *l'action* & *l'agent* ;
le crime commis & celui qui est soupçonné ou accusé d'en être l'Auteur.

L'acte criminel en lui-même eſt *digne* de toute la rigueur des loix, que l'on ſuppoſe toujours proportionnées au trouble qu'il a cauſé à la ſociété, & au mal qu'il cauſe à l'un de ſes membres. La recherche de cet acte criminel pour le vérifier, & de ſon Auteur pour le punir, eſt *digne* de toute la circonſpection & de toute la ſagacité du Juge.

D'un autre côté, l'agent accuſé ou préſumé ſur des Indices en être l'Auteur, eſt *digne* de toute la compaſſion que mérite un homme ſoupçonné d'être coupable, & qui peut très-aiſément ne pas l'être. Cet homme, déja très-malheureux (s'il eſt innocent) d'être ſoupçonné, & quelquefois de gémir dans un cachot, eſt *digne* de tous les ménagemens dus à l'innocence, toujours plus préſumable que le crime, & qui doit être ſuppoſée, juſques à ce qu'il y ait des preuves contraires. Lorſqu'on ſoupçonne qu'un homme détenu pour crime, & ſuſpect ſur des indices, eſt *digne de la Queſtion*, fait-on aſſez d'attention à ces grands principes?

1. Le fait du délit & de son auteur, est une vérité *digne* d'être recherchée, par toutes les voies que la Raison, la Justice & la Charité peuvent permettre.

2. Le Juge est appellé à la rechercher de cette maniere, & non d'aucune autre ; ce qui exclud tout moyen qui pourroit blesser la raison, la Justice & la charité.

3. La voie des tourmens dans cette recherche *blesse la raison*, en ce qu'elle n'a aucun rapport avec la marche ordinaire de la raison, pour parvenir à la découverte en question. Elle ne tend point au développement des idées & des circonstances qui peuvent de degré en degré conduire à sa connoissance. Elle n'apprend au Juge sur le fait, que ce que le prévenu voudra lui dire, & sur le prévenu lui-même que sa sensibilité.

Elle blesse la Justice, en ce qu'elle met le Juge dans un péril éminent d'en violer les loix les plus sacrées en prenant l'innocent pour le coupable, & en formant le Jugement qu'il en porte sur le degré de sa force ou de sa foiblesse.

Elle bleſſe l'humanité & la charité, en préſumant le crime plutôt que l'innocence ; en faiſant ſouffrir un homme ſur des indices ; en le flétriſſant, ou le puniſſant, avant qu'il ſoit reconnu coupable ; en l'expoſant par la rigueur des tourmens à ſe reconnoître tel.

Le fondement que prennent les Juges & les Commentateurs de la loi, pour juger un prévenu *digne de la Queſtion*, eſt celui des *indices légitimes*, ſelon le ſtile de l'Article XX. de la Conſtitution Caroline. Cè ſeroit ici le lieu de faire ſentir combien les indices, même accumulés ſont incertains, périlleux, ſujets à l'erreur ; combien de fois ils ont égaré les Juges, produit des ſentences injuſtes, & accablé l'innocence, lorſqu'ils ont conduit les Tribunaux à décerner la Queſtion ; & c'eſt ce qui paroîtra ſuffiſamment, je m'aſſure, par la ſuite de mes réflexions.

L'on dira ſans doute que la *Caroline* (c),

(c) C'eſt la Conſtitution Criminelle de *Charle-Quint*, qui reçut ſa pleine Sanction pour tous les Membres de l'Empire en M. D. XXXII. & que divers Etats Souverains adopterent, comme la meilleure Légiſlation Criminelle à cette époque.

Art. XXVIII. veut que les indices du délit foient mis en balance avec les allégations, préfomptions & indices favorables au détenu ; elle veut que ce foit la prépondérance des uns ou des autres qui en décide ; & que fi ces indices contraires ou favorables fe trouvent en égalité, ces derniers l'emportent & l'exemptent de la Queftion : mais fi les indices contraires prévalent de peu de chofe, à quoi tient cet équilibre ? A-t-on un poids & une mefure fixe pour évaluer les indices ? La balance en eft-elle facile ? Eft-elle poffible en certain cas ? Combien ne dépend-elle pas du caprice, du hazard, de l'ignorance, de l'inattention, de la prévention des Juges ; de l'exactitude ou de l'inexactitude de l'information, fouvent même d'un zele inconfidéré, qui par haine pour le crime préfume trop aifément des coupables ? Combien de fois encore l'état des perfonnes foupçonnées, leur crédit & leur opulence, leur mifere ou leur baffeffe, n'ont-ils pas groffi ou fait difparoître le poids des indices ? Avec quelle négligence & quelle précipitation ne traite-t on par fouvent cette matiere , relativement aux perfonnes qu'on eftime viles, parce qu'elles font privées des avantages de la naiffance & de la fortune ? Comme le faifoit cet infenfé Médecin, en difant ; *Experimentum fiat in hac vili animâ.* Quelle horreur ! que fi les Corps de Juftice qui font appellés à en connoître, peuvent être compofés de fujets idiots & peu inftruits, comme le font prefque néceffairement les Juftices des Vaffaux ; à quoi ne fera pas expofé l'infortuné prévenu dans les Jugemens qu'ils porteront des indices pour décerner la Queftion ? Cette feule réflexion feroit frémir des cœurs juftes & compatiffans ; & toutes ces réflexions réunies feront fentir & toucher au doigt, fi je ne me trompe , quel péril court la Juftice, tant qu'il fera permis de juger *digne de la Queftion*, fur des indices, péril d'autant plus grand, que notre pratique ne permet pas au détenu l'appel de l'adjudication à la Torture, felon la maxime reçue en Allemagne,

qu'il n'y a point d'appel admis dan‑
les Procédures Criminelles. *Appellatio*
nes in criminalibus rejiciuntur Communi
Confuetudine in Germaniâ (d). Quoique
l'on convienne que la Torture imprime
une tache, qu'elle est réellement inju-
rieufe & flétriffante. *Torturam quis rea-*
lem injuriam negaverit ? Dit un Jurif-
confulte; & fi le Juge doit par office,
défendre, garantir, ou venger celui qui
en a été l'objet, devra-t-il s'expofer à
faire injure lui-même?

I I. QUESTION.

Le Prévenu est-il coupable de façon à
mériter la Torture?

A l'expreffion *digne de la Question*,
la Loi ajoute *& coupable d'icelle*; ce qui
dit fans doute quelque chofe de plus;
car felon les Criminaliftes, des indices
équivalens à une demi-preuve, ou qui
la fortifient, rendent le détenu digne
de la Queftion, quand même aucun de

(d) KRESSIUS. ad Artic. XCIX. Carolin. § 3. not. 1.

ces indices ne réfulteroit de fon propre fait , ou de quelque faute par lui com-mife ; ce qui fignifie alors fimplement , que par une fatalité à laquelle il n'a point contribué , qu'il n'a pas même été en fon pouvoir de prévenir , comme le feroit la dépofition d'un feul témoin *de vifu & auditu*, il eft dans le cas de fubir les rigueurs de la queftion , quoi-qu'il foit poffible que ce témoin eût été fuborné par le véritable criminel pour l'épargner , ou même qu'il fe fût mé-pris innocemment.

Mais ce fera bien pis s'il eft ce que la Loi appelle *coupable de la Queftion* ; c'eft-à-dire, s'il eft connu qu'il l'a méri-tée , par un acte qui étoit en fon pou-voir, & qui peut être confidéré comme relatif au délit, comme il le feroit dans les cas fuivans.

1°. Celui des variations qui le font chanceler dans fes réponfes.

2°. Celui des contradictions mani-feftes , en des faits fimples fur lefquels il eft interrogé en divers tems.

3°. Celui d'une négative formelle d'un indice bien prouvé, ou après un aveu formel.

4°. Celui enfin d'une négative formelle du crime, nonobstant des preuves légales, avérées, & sans équivoques.

Les Variations ne devroient faire que bien rarement recourir à des moyens violens, parce qu'elles peuvent être bien naturellement l'effet du trouble, & de l'émotion, qui, chez les personnes sensibles ou timides, ôtent souvent toute présence d'esprit. Une mémoire peu ferme, jointe à cet effroi, peut en être cause. On doit alors donner tout le tems & toutes les facilités nécessaires pour les éclaircissemens & les conciliations, en ne perdant jamais de vue que celui qu'on examine peut être innocent.

Les Contradictions manifestes sont beaucoup plus graves, lorsqu'elles portent sur-tout sur des circonstances essentielles, qui étant bien établies, conduiroient sans peine au fait principal. C'est-là où peut briller la dextérité du

Juge , fa prudence , fa patience , fon application ; & c'eſt ſouvent par incapacité ou par pareſſe qu'on précipite l'uſage des moyens violens, pour abréger des diſcuſſions qui les rendroient inutiles, & dont on ſe félicite d'éviter la peine. Il eſt rare qu'en de tels cas une marche lente & meſurée, beaucoup de clarté & de préciſion , quelques queſtions imprévues & faites à propos, ne diſſipent le nuage , & ne produiſent l'un de ces effets également heureux, puiſqu'ils rempliroient le but deſiré, de donner lieu à la perſonne injuſtement ſoupçonnée, de concilier des contradictions apparentes, au point de les faire diſparoître, ou de confondre le coupable, en le réduiſant à l'impoſſible, ce qui ameneroit enfin ſon aveu ou ſa conviction.

LA NEGATIVE FORMELLE D'UN FAIT OU D'UN INDICE AVERE' , n'eſt d'aucun poids , ſi ce fait eſt prouvé légalement , de façon à ne laiſſer aucun doute. Quoiqu'il paroiſſe d'abord qu'on

ne feroit aucun tort au prevenu, en le
forçant à se rétracter par la Question;
je ne puis cependant m'empêcher de
croire que ce feroit une violence dé-
placée; parce que la preuve étant faite,
sa négative n'est d'aucun poids, à moins
qu'il ne la justifiât par des preuves &
des raisons plus convaincantes que les
premieres; sans cela la simple négation
ne pouvant balancer la force d'une
preuve circonstanciée, légale & ap-
puyée sur des faits, le Juge n'a plus de
vocation à surmonter cette négation :
il ne doit jamais se porter à des moyens
superflus, lors sur-tout qu'ils ne peuvent être employés que par une violence qui feroit en pure perte. D'ailleurs ce cas est relatif à la question générale que je traiterai dans la suite,
*si l'aveu est nécessaire, lorsque la preuve
opere la conviction* ; ce qui me dispense
de traiter ici le dernier cas de la négative formelle, d'un crime confessé
dont on rétracte ensuite l'aveu. Je dirai seulement que cet aveu circonstancié doit tenir, à moins qu'il ne soit

prouvé qu'il a été l'effet du trouble ; qu'il a été fait par erreur, ou pour n'avoir pas bien compris la queſtion. L'aveu étant alors révoqué, ou expliqué de façon à porter ſur un autre objet ; le Juge devroit en ce cas revenir à d'autres moyens de preuve.

Je crois avoir ſuffiſamment développé ce que le Légiſlateur avoit en vue, en diſant qu'il doit être connu préalablement *ſi le Prévenu eſt digne & coupable de la Queſtion ?* C'eſt une choſe qui mérite d'être obſervée, que les qualifications *digne* & *coupable* y ſont réunies, enſorte que s'il n'étoit pas coupable, ou chargé par ſon propre fait, de maniere à augmenter conſidérablement le poids des indices, il ne pourroit être jugé digne de la Torture : mais j'ai fait connoître auſſi qu'il y avoit dans ce cas même une autre route à tenir, que celle de le forcer à l'aveu par les tourmens ; & il faut bien qu'il y en ait une autre plus conforme à l'humanité, & ſuffiſante pour la Juſ-

tice, puisqu'on la suit invariablement,
& avec succès dans les Etats où la
Torture est abolie, sans restriction :
il faut, dis-je, qu'il y ait des moyens
de s'en passer, & beaucoup plus d'inconvéniens à en user qu'à s'en abste-
nir. C'est ce qui me reste à examiner

Dès qu'un crime, est avéré par l'enquête qui le constate, le but de la
Procédure Criminelle est de parvenir
à en connoître l'auteur ; mais de façon à ne pouvoir s'y méprendre, &
à ne prendre jamais l'innocent pour le
coupable. Toutes les recherches & tous
les moyens employés doivent y tendre, & aucun ne doit y contrevenir,
ni s'en écarter. Tout moyen qui met
en péril, & en péril éminent de manquer ce but & de commettre une injustice, est inadmissible ; ou s'il est
déja admis, il mérite d'être réformé :
car que seroit-ce si, pour punir ou pour
venger la société d'un crime, on se
mettoit volontairement en danger d'en
commettre un autre ?

L'Enquête générale ayant conftaté le corps du délit, & pour l'ordinaire défigné le Délinquant, l'*Enquête fpéciale* commence, & a pour objet celui qu'une accufation formelle ou des indices confidérables défignent en être l'auteur. Si le crime eft atroce, il eft mis aux fers & refferré dans un cachot ; & néanmoins plus le crime eft grand, plus il feroit digne de compaffion s'il ne l'avoit pas commis. Que l'infortuné détenu feroit à plaindre, fur-tout en ce cas, fi fon Juge n'étoit pas dans un parfait équilibre ! fi les indices qui font à fa charge n'étoient pas continuellement balancés, non feulement par les indices qui le Juftifient, mais encore par la feule poffibilité de fon innocence ! Cependant la balance de la Juftice ne doit pencher que par le poids des raifons favorables ou contraires, & même les premieres, en cas d'équilibre, doivent prévaloir. Ces raifons doivent être tirées des faits combinés avec une exactitude fcrupuleufe ; & le

Juge ne doit se décider dans aucune des opérations de la Procédure, qu'à la faveur du jour que les faits répandent. Leur recherche, & l'examen attentif de leur valeur, doivent produire une lumiere qui doit aboutir ou à tirer le crime de ses ténebres, ou à rendre l'innocence victorieuse. Le Juge doit y tendre par une gradation qui l'éclaire lui-même, & qui manifeste aux yeux du public le dernier terme auquel ses recherches ont pu aboutir.

Dès que la Société a été troublée par un crime, elle demande que l'ordre & le calme soient rétablis par la condamnation du coupable; & pour être fondé à le juger coupable, il faut nécessairement son aveu ou sa conviction. La CONVICTION, par des preuves démonstratives, telles que sont censées les preuves légales. L'AVEU, par une confession libre, ingénue, faite avec une entiere liberté d'esprit, qui ne soit ni artificieusement suggérée, ni arrachée par les menaces ou par la douleur. Tout ce
qui

qui eſt avoué par contrainte ou par ſug-
geſtion, eſt nul, au point qu'on ne le
met pas même, ſelon la bonne regle,
dans le corps des informations; & ſup-
poſé qu'il y fût inféré, les Criminaliſtes
n'héſitent point à dire que les aveux
faits à la Torture, ſont de nulle conſidération. " On ne doit, diſent-ils,
„ y faire aucune attention, lorſqu'ils
„ ſont extorqués par les menaces, ou
„ par les tourmens (e) ". Comment en
effet pourroit-on appeller libre, ingénue
& non forcée, une confeſſion faite dans
le trouble d'eſprit, cauſé par la force
des douleurs? Méthode *cruelle*, ſi le
Prévenu eſt innocent; *inutile*, s'il eſt
reconnu coupable par de bonnes preuves.

A la vérité, pour mettre en valeur
l'aveu fait à la Queſtion, on réitere
l'interrogatoire trois jours au moins
après les ſouffrances: mais ſi le Prévenu
révoque ſa confeſſion, ou s'il eſt en contradiction avec ſes aveux, on lui fait
ſouffrir de nouveaux tourmens. Or com-

____

(e) *Syſtême abrégé de Juriſpr. Crimin.* Chap. **XX.**
de la Conviction, page **171.**

ment est-il possible que l'on envisage comme libre une confession, qui étant nulle dans les douleurs, est confirmée ou réitérée dans la crainte de les subir de nouveau ? Cette confession sera-t-elle plus affranchie & plus valable que la première, dans le tems que l'imagination est si vivement frappée de la précédente épreuve, que le corps & l'esprit sont encore malades? Cette confession n'a donc point acquis plus de valeur ni de confistance que la première ; au contraire, le remede qu'on emploie est un nouveau mal ; il est toujours en contradiction avec les principes fondamentaux que l'on a pofés. *L'aveu* ne peut être pris pour bafe d'un Arrêt de mort, que lorfqu'il est abfolument libre, & amené par la force de la conviction.

Cette conviction peut fe préfenter fous deux faces, quelquefois réunies, & d'autres fois féparées. *Conviction intérieure du Criminel*, lorfque preffé par les remords de fa confcience, & même par un repentir fincere, il fe porte volontairement à l'aveu, dans l'efpérance de fléchir fes Juges, ou d'obtenir de Dieu par fon humiliation, qu'il lui faffe miféricorde. Cet aveu fait fans contrainte fur de violens indices, avant que la preuve foit rendue complette, & avec des circonftances propres à en juftifier la réalité, diffipe tous les doutes qui pouvoient refter à ce fujet, & difpenfe le Juge de faire d'ultérieures recherches; à plus forte raifon de toute voie de contrainte, & fingulierement de celle de la Torture, qui feroit alors une barbarie. Il eft fi contraire à la nature de fe charger d'un crime qu'on n'a pas commis, lorfque l'aveu n'eft pas extorqué, qu'il ne fauroit y avoir aucune préfomption légitime contre fa réalité, & quoiqu'il ne femble préfenter d'abord que la conviction du Criminel, cette conviction entraîne néceffairement celle du Juge; & de tous les genres de preuves, c'eft inconteftablement celui qui perfuade & qui édifie le plus: la fentence peut être alors prononcée & exécutée, à moins qu'il ne paroiffe par la nature de l'action, ou par des indices

suffisans, que le confessant a eu des complices, auquel cas on suspend l'exécution, & quelquefois la sentence, jusques à ce que l'on ait toutes les lumieres possibles à ce sujet.

Mais lorsque le Prévenu persévere
dans ses négatives, malgré les indices
qui le chargent, il faut absolument que
le Juge parvienne au moins par la sagacité de ses recherches, à sa propre & intérieure conviction; & par la force des
preuves exposées dans la Procédure, à la
conviction du Public.

Je n'entrerai point ici dans le caractere de ces preuves, qui selon la nature
du délit, doivent nécessairement varier.
On en trouve le détail dans tous les ouvrages des Criminalistes, qui ne doivent être regardés que comme le développement de la raison & des loix. Il suffit de dire que le résultat des preuves
quelconques doit être une *certitude mo-*
rale, que le crime a été commis par celui qu'elles désignent en être l'auteur;
ce qui ne peut avoir lieu que lorsque

ces preuves font plus claires que le jour,
comme parlent les Jurifconfultes ; c'eft-
à-dire, d'une évidence qui ne puiffe être
raifonnablement conteftée ; ce qu'on ne
peut & qu'on n'oferoit même dire d'un
aveu arraché par la douleur: mais ajoutons que cette évidence ne fuffiroit pas,
fi elle n'étoit légale, ou conforme aux
loix, & revêtue de la forme qu'elles
prefcrivent.

„ La raifon elle-même nous enféigne
„ de la façon la plus évidente, (dit
„ un des Commentateurs les plus efti-
„ més de la Caroline) que la méthode
„ de tirer la vérité par les tourmens eft
„ incertaine, périlleufe, peu inférieure
„ à un vrai fupplice; & qu'au contraire
„ la voie des preuves par témoins ou
„ par des actes probans, eft plus affu-
„ rée, & moins dangereufe, fans cau-
„ fer aucun mal au Détenu (*f*).

(*f*) *Sane præcepta rationis evidenter docent, quod modus eruendi veritatem per cruciatus fit incertus, periculofus, nec ipfa pœna gladii multum inferior. E contra modus probandi per teftes, aut inftrumenta fit certior, minus periculofus, nec per fe ullum malum infe- rat Reo.* KRESSIUS. *Not.* ad art. Carolin. LXXXVII.

Dès que-la preuve est faite au desir des Loix, celui contre qui elle est administrée, est nécessairement réduit à l'alternative, ou de se reconnoître coupable, & de recourir à la grace, ou d'évincer la preuve en en démontrant la foiblesse, l'insuffisance, ou la fausseté. S'il n'a rien à objecter, son silence le condamne; il peut être jugé & puni en conséquence. *La conviction par preuves* est censée équivalente à *la conviction par aveu*, & doit produire le même effet, sans quoi dans les Pays où la Question est proscrite, on ne puniroit jamais ou que rarement le crime.

Ici se présente un cas à résoudre. *L'aveu du crime est-il nécessaire, lors même qu'on en a la preuve?* S'il étoit indispensablement requis pour la satisfaction publique, ou pour fonder la sentence du Juge, on pourroit avec justice y contraindre le Criminel; & c'est par ce motif que l'on justifie l'usage de la Question, lorsque le Prévenu oppose une négative formelle aux preuves légales: en

Hollande, c'eſt la Loi : C'eſt l'uſage dans la plus grande partie de la *Suiſſe ;* & ç'a été juſques ici le nôtre dans ce Pays, lorſque la ſentence de mort eſt prononcée au Criminel, en conſéquence de ſes aveux, en liſant devant tout le peuple, les faits ſur leſquels il eſt condamné, le Juge lui demande ſur chaque article ſi cela n'eſt pas ainſi ; & nous avons vu un Brigand, allant au ſupplice, qui révoquant ſon aveu dans la marche, fut ramené dans les priſons, pour être de nouveau récolé, & réduit à l'aveu par la Queſtion ; il eſt vrai qu'il n'avoit contre lui de preuves que ſa confeſſion. Oſerons-nous cependant le dire ? Cette pratique, en quelque lieu qu'elle ſubſiſte, prodigue les preuves & les moyens violens, ſans néceſſité ; elle lutte contre les principes les plus reconnus : car le but des preuves en général, étant de s'aſſurer d'une vérité, & celui des preuves morales en particulier, étant de conſtater un fait qui ne peut être vérifié d'une autre maniere ; dès que cette preuve eſt faite ſelon les regles, & avec toutes les précautions qui peuvent garantir de l'erreur, pourquoi la rendre douteuſe en recourant à un autre genre de beaucoup inférieur, & qui par lui-même ne prouve rien, tel que l'aveu arraché par la Queſtion? C'eſt ce que l'on ſentira mieux encore lorſque j'établirai les raiſons qui rendent la Torture inadmiſſible. Je me contenterai ici de faire obſerver que ſi la preuve tirée des témoignages, des écrits & d'autres moyens de vérification, ſelon la nature du délit, peut laiſſer quelque incertitude ſur la ſimple poſſibilité de quelque erreur, un aveu extorqué ne fera que l'augmenter; d'un côté, en ce qu'il n'a aucun poids par lui-même; de l'autre, parce qu'il fera juger au public, que l'on n'a recours à cette voie, que parce que la preuve n'étoit pas complette.

C'eſt donc avec raiſon que la plupart des Juriſconſultes décident que l'on peut condamner un homme qui eſt convaincu, tout auſſi juſtement qu'un homme qui a confeſſé. *Si convictus ſit Reus, con-*

demnari poteſt, ac ſi confeſſus eſſet , L.
qui ſententiam 16. *ff. de pœnis.* "Ce n'eſt
„ pas (dit CHARLEMAGNE, dans ſes
„ Capitulaires) celui qui eſt accuſé;
„ mais celui qui eſt convaincu, qui eſt
„ coupable. " *Non qui accuſatur ſed
qui convincitur, Reus eſt (g).* Nul donc
ne doit être cenſé coupable avant la
preuve ; mais il eſt coupable & puniſſa-
ble, dès que cette preuve eſt faite au de-
ſir des Loix ; & c'eſt une cruauté abſo-
lument inutile, de faire précéder le ſupplice par des tourmens, dans la ſeule
vue de tenir du coupable, ce dont on
a déja une pleine conviction : auſſi un
Juriſconſulte pénétré de ce ſentiment
d'humanité , dit avec énergie, *qu'un
Juge a perdu le ſens, lorſqu'étant déja aſſuré du crime, il veut encore forcer le Criminel à l'aveu de ce crime, par les tourmens.*

La Conſtitution Caroline que nous ſui-
vons eſt expreſſe ſur ce point. L'article
XX. dit que perſonne ne pourra être

(g) *Conſtitut. Carol.* V. Art. LXIX.

condamné, ni puni, que sur l'un ou l'autre de ces fondemens ; la Confession , ou la Conviction. Le Texte Allemand porte *aus eigen bekennen oder Beweiſſung*, que le Commentateur rend par *legitima Confeſſio, vel plena Probatio ;* & l'article LXIX. prononce, " que si le Dé-
„ linquant est convaincu du crime com-
„ mis , par des preuves suffisantes , &
„ que nonobstant cela il refuse de se
„ reconnoître coupable , on doit lui re-
„ montrer qu'il est convaincu d'en être
„ l'auteur , quoique pour cela, on ne
„ puisse tirer de lui sa confession ; si
„ après cette remontrance , il persistoit
„ encore à ne point avouer , quoiqu'il
„ en fût suffisamment convaincu , on
„ doit néanmoins (sans l'appliquer à
„ aucune Question) le juger suivant
„ le mérite du crime (*h*).

Outre le motif tiré de la Constitution Caroline , nous en aurions un tiré de la nôtre propre & d'une de nos maximes les plus fondamentales , qui

(*h*) Capit. Carol. M. Lib. VII. Capit. CCLXXXVI.

n'admet jamais preuve contre preuve.
Or en exigeant l'aveu comme indif-
penfable, nonobftant la preuve duement
adminiftrée, nous oppoferions à la preuve
du témoignage ou à toute autre preuve
légale, non feulement une preuve d'un
autre genre, mais un défaut de preuve,
une efpece de vuide que laifferoit l'aveu,
une préfomption légere, tirée du refus
que fait le coupable avéré de le donner.

Je conviens, comme je l'ai déja ci-
devant infinué, qu'un aveu libre &
formel, accompagné d'indices de poids,
& précédé de la vérification du corps
de délit, mais deftitué de preuve complette, feroit d'autant plus intéreffant
qu'il feroit difparoître tous les doutes;
qu'il fatisferoit la fociété, qu'il édi-
fieroit le public; foit en éloignant
toute idée de méprife, ou d'oppreffion
de la part des Juges; foit en tempérant
l'horreur du crime, par le touchant
repentir du Criminel : mais dans le cas
où la preuve eft faite, comme elle le
feroit par la dépofition précife & bien

accordante de deux témoins irréprocha-
bles ; la conviction étant pleine & entiere , l'on ne pourroit rien exiger de
plus , du moins ſur le fondement d'une
prétendue néceſſité , ſans ébranler la
baſe des ſociétés , en rendant incertai-
nes des preuves ſur leſquelles il eſt ab-
ſolument néceſſaire que repoſent tous les
Jugemens humains, dans les cas les plus
importans ; outre que loin d'édifier le
public en forçant la réſiſtance de celui que
la Loi déclare coupable, on bleſſe , on
révolte, on afflige même les ames juſtes
& compatiſſantes , en n'ajoutant à l'é-
nergie de la preuve, que l'atrocité d'un
aveu arraché ſans néceſſité par les tourmens : auſſi KRESSIUS commentant
l'Article LXIX. de la Caroline, dit:
" il n'eſt pas beſoin d'employer le
„ remede douteux & extraordinaire de
„ la Torture, pour arracher une vé-
„ rité dont on a déja la preuve (i).

(i) *Quod ſi delinquens ordinaria probatione de crimine commiſſo ſit convictus , non opus eſt per extraordinarium dubiumque Torturæ remedium , ulteriùs eruere veritatem ſemel probatum.* KRESSIUS not. ad Art. LXIX.

Au reſte le cas du défaveu après un aveu formel, eſt toujours très-rare, & le refus de l'aveu, nonobſtant la preuve, ne l'eſt guere moins. Il eſt vrai que l'aveu donne à tout un peuple, une ſatisfaction bien intéreſſante, en confirmant la Juſtice de la ſentence : mais des preuves bien conſtatées donneront-elles moins de ſatisfaction ? D'ailleurs je voudrois que l'on pesàt bien tous les inconvéniens de mettre un ſimple défaveu produit par la crainte du ſupplice, en conflict avec les preuves légales; inconvénient qui en entraîne un autre non moins conſidérable, celui d'arracher l'aveu par les tourmens, ou de ne pouvoir condamner le Criminel s'il a la force de les ſoutenir.

Il ne peut donc reſter, ce me ſemble, ni par les autorités, ni par des raiſonnemens fondés ſur les principes les mieux reconnus, aucun ſcrupule à cet égard. Mais comme, malgré ce que j'ai dit ci-devant, on pourroit

avec beaucoup de probabilité, n'être
pas également convaincu qu'on doive
& qu'on puisse supprimer l'usage de la
Question, dans les cas où il ne paroît
manquer que l'aveu à la force des indices, lorsque le Prévenu tombe dans
de palpables contradictions, ou variations, sans pouvoir les concilier ; lors
enfin qu'après un aveu formel & bien
circonstancié, il le révoque par un dé-
saveu déterminé. Examinons de quel
côté seroient les plus grands inconvéniens, ou d'admettre en de tels cas
l'usage de la Question, pour rendre
la conviction complette; ou de la supprimer entierement, pour éviter des
inconvéniens peut-être plus grands encore, & des écueils terribles contre
lesquels on seroit presque assuré de
briser.

PREMIERE REFLEXION.

Le fait que l'on cherche à appro-
fondir est sans doute d'une très-grande
importance *pour la société*, qui veut

être vengée du trouble que lui a caufé
le crime, & être mife en sûreté contre
de nouveaux attentats ; *Pour la famille*
ou *l'individu*, qui a fouffert de l'acte
criminel ; & *pour le Rée* enfin , qui eft
accufé ou foupçonné d'en être l'auteur.
Avec quel zele & quelle application
cette vérité ne mérite-t-elle pas d'être
recherchée ? Mais en même tems avec
quels ménagemens & quelle prudence ?
Pour la pratique j'envifage le Juge
comme un Pilote qui navige entre des
Rochers ; & pour la Théorie, je le con-
fidere comme un Philofophe qui fe propofe de découvrir une vérité intéref-
fante. Dans le cas dont nous parlons,
ce Juge la cherchera sûrement par la
voie des difcuffions & de l'examen ;
fa fagacité lui fera faifir toutes les circonftances & tous les rapports, rappro-
cher ou féparer ce qui doit l'être, pour
juger fainement des vues , des motifs,
des intérêts, du plan & des moyens.
Les difcours échappés ou indirects, des
écrits dont le fens eft enveloppé , des

démarches fourdes, des précautions ar-
tificieufes, tout fera employé, & rien
ne fera négligé pour parvenir à la conviction : mais lorfqu'il s'agira d'entendre le détenu lui-même, le fera-il
parler dans la douleur ? Le mettra-t-il
dans une fituation où il ne fauroit
avoir ni réflexions fuivies, ni volonté
de choix, ni liberté, lorfqu'il en auroit le plus befoin ? *Sont-ce des gémif-
femens que nous voulons entendre ?* (s'é-
crie avec autant de fageffe que d'humanité, Mr. SERVANT) *Ah ! fans doute,
on peut ordonner la Queftion ; mais fi
c'eft la vérité que nous cherchons, eft-ce
dans le trouble de la douleur que nou^s
efpérons de la trouver. . . . Quel homm^e
ignore fa terrible impreffion fur un Etr^e
que la fenfibilité rend fi foible ? . . .
Toutes fes facultés s'agitent & retombent
Dans cette convulfion générale de fon
Etre, rien n'eft conftant que le violent
defir de la faire ceffer. (k).*

(k) *Difcours fur l'adminiftration de la Juftice Criminelle*, page 80.

La

·La Queſtion n'eſt donc plus un *cri-tere* de vérité : le MARQUIS BECCARIA, cet excellent homme qui a ſi bien mérité de l'humanité, va plus loin, & ne craint pas de dire que *c'eſt un moyen infame de la découvrir.* Contentons nous de dire que ſi jamais la Torture n'avoit été employée, il eſt peu à préſumer qu'une aſſemblée de Sages, conſultés ſur ce ſujet, eût jamais eſtimé qu'elle y fût propre, & qu'il y eût eu un ſeul ſuffrage pour l'introduire.

Lorſque l'on réfléchira bien ſérieuſement ſur les deux méthodes que je viens de préſenter, l'on ſe convaincra d'un côté, des divers périls qui ſont inſéparables d'une Procédure précipitée que l'on veut abréger par des voies violentes ; de l'autre, on ſe perſuadera que la marche lente des détails a les plus grands avantages, non ſeulement en garantiſſant l'innocence & en lui donnant le tems & les moyens d'écarter les nuages qui la couvrent ; mais encore en ſuivant pas à pas dans ſes détours le crime le plus enveloppé, de façon à le découvrir, & à mettre le coupable dans la nécessité d'en faire l'aveu; & cela sans avoir besoin d'employer la voie si équivoque & si incertaine des tourmens.

Je ne pourrois, ce me semble, le prouver mieux que par des exemples; & j'en ai deux à alléguer, qui semblent faits pour vérifier ce que je viens d'avancer : l'un est tiré d'une Procédure instruite à Lausanne, en Janvier 1736, contre le nommé *Des Vaux*, accusé de divers vols de bétail, & qui avoua avoir volé quatre Vaches, en quatre fois différentes, sur le pâturage; & de plus avoir induit son fils jeune encore, à se joindre à lui dans ses larcins. L'aveu libre & circonstancié terminant la Procédure, le Tribunal se préparoit à le juger en conséquence, comme (I) *Abigée*, & un pieux Ecclésiastique tâchoit de le disposer par de sages exhortations à recevoir & à subir la sentence, qui selon les Loix de-

____

(I) On appelle ainsi les voleurs de Bétail, soit qu'ils le volent dans les écuries ou sur des pâturages.

voit être capitale, lorſque l'effroi du ſupplice le fit changer tout d'un coup de
réſolution, & le porta à révoquer déter-
minément ſon aveu. En vain lui rap-
pella-t-on toutes les circonſtances de
ſes confeſſions confirmées par ſon propre fils. En vain ce fils, après deux degrés de queſtion que ſon pere avoit déja ſubis, confirma toutes ces circonſtances, dans la confrontation à laquelle ils
furent tous deux amenés, les yeux ban-
dés, & le conjuroit à genoux d'avouer
la vérité, en ſe reconnoiſſant lui-même
complice des mêmes vols. Cet homme
féroce n'y répondit que par des impré-
cations & des juremens; il ſubit ſans hé-
ſiter, un troiſieme interrogatoire à la
Queſtion, du poids de 75 livres, en per-
ſévérant dans ſa négative. Le Conſeil
ne jugea pas convenable de le pouſſer
au dernier degré, qui ſelon nos Loix &
nos uſages, eſt du quintal, & qu'on re-
ſerve pour les crimes les plus odieux. Le
cas lui parut aſſez conſidérable pour con-
ſulter le Tribunal Souverain, vu le ſilence des Loix, & il fut répondu que

Des-vaux pouvoit être exempté de la peine ordinaire, qui étoit celle de mort; mais non d'une peine extraordinaire : elle fut laissée à la prudence des Juges, qui le condamnerent aux travaux publics. La Question ne servit ainsi qu'à sauver un coupable, prouvé tel par ses aveux circonstanciés, confirmés par son propre fils; & celui-ci ne fut condamné qu'au fouet, à la marque & au banniffement, vu son ingénuité, sa jeunesse, sa repentance, & les inductions d'un pere qui avoit tiré seul le profit du bétail volé.

Voilà l'un des grands écueils de la Torture, & de quoi justifier ce que j'ai établi ci-devant, que la *confession légale* devroit tenir lieu de preuve, comme la *preuve légale* devroit selon l'Article LXIX. de la Caroline, tenir lieu de la confession.

L'autre exemple que j'alléguerai, est celui qui vient de se paffer sous nos yeux. *Claude Violet*, Jardinier de profession, fut trouvé le 30 Nov. 1767,

affommé dans fa poffeffion, qu'il étoit
allé garder de nuit, pour fe garantir des
déprédations dont il s'étoit déja apper-
çu; le corps du délit conftaté, le fait
reconnu & verbalifé avec le vol récent
de nombre de jeunes arbres; les premieres enquêtes ne fourniffoient aucune lu_
miere qui pût découvrir l'auteur de cet
attentat, nul indice qui pût le défigner,
lorfqu'un bruit fourd, une efpece de
voix publique, s'éleva parmi le peuple,
& nomma *Louis Vermandé*, de Nancy,
ci-devant valet Jardinier chez le dé_
funt, qu'on crut être forti avec quelque reffentiment, quoiqu'il eût reçu
de fon Maître un bon & honorable cer-
tificat; appellé devant la Chambre de
l'examen, il y parut avec toute l'affu-
rance d'un homme innocent: on jugea
néanmoins convenable de s'en affurer;
toujours ferme, il commença à fe rendre fufpect par la tentative de forcer les
barreaux de fa prifon, fur quoi il fut refferré plus étroitement; malgré l'obftination de fes négatives, il s'éleva des

indices d'un commerce d'arbres, qui ne pouvoient être que le fruit de ses vols, n'ayant ni fonds, ni crédit dans ce Pays: toutes ses allures furent suivies & épluchées dans tous les lieux où il avoit été depuis qu'il avoit quitté le Sr. Violet; & enfin des contradictions palpables dont il n'a pu se tirer, des faits niés par lui, qui lui ont été soutenus en face: les fers, une nourriture plus austere, une rigueur tempérée par des représentations pathétiques, l'ont amené à l'aveu du vol nocturne des arbres, & du meurtre cruel que l'on recherchoit.

C'est ainsi que des Magistrats préposés à l'examen des crimes, parvinrent par une marche lente & mesurée, & par leur persévérance à suivre toute l'enchaînure des plus petits faits, à la découverte d'un acte si criminel, & mirent en état les Juges de prononcer avec beaucoup plus de sûreté leur sentence, que s'ils avoient employé précipitamment le moyen terrible & toujours équivoque de la Torture.

SECONDE REFLEXION.

Non feulement l'ufage de la Queftion eft peu convenable ; mais il peche contre la dignité du but que l'on fe propofe, & bleffe celle des Loix mêmes qui l'autorifent : ajoutons que c'eft la méthode la moins propre, la plus équivoque & la moins fûre pour y parvenir.

Les Juges ont employé quelquefois des moyens peu honnêtes & peu conformes à la dignité de leur caractere ; tels que la duplicité & l'artifice pour amener des Criminels à la confeffion, tantôt feignant quelque découverte, ou inventant quelque hiftoire, fuppofant des faits comme connus ou prouvés, ou comme exiftans des objets qui n'exiftoient point : on en venoit jufqu'à les tromper, en leur faifant efpérer directement, ou en leur faifant offrir fous main l'impunité, quoiqu'on fû, bien réfolu de les condamner. C'eft ainfi qu'on le pratiqua honteufement dans le fameux Procès de *Mrs. de Thou* & de

Cinq-Mars. Un tel procédé eſt évidemment malhonnête, odieux, & digne d'être à jamais proſcrit, comme il l'a été de tous les Tribunaux bien réglés; de tous ceux où le deſpotiſme & la tyrannie ne préſident pas. Cette méthode réduite aux ſeules *ruſes de l'artifice*, à l'excluſion du faux, avoit cependant de grands avantages ſur la *violence*, elle opéroit du moins quelquefois un aveu ſur lequel on pouvoit compter; au-lieu que l'uſage de la Torture, cruel & odieux par lui-même, ne produit rien d'aſſuré, puiſqu'on ne peut regarder comme vrai, rien de tout ce qui eſt arraché par la douleur : ce peut être une épreuve de force ou de foibleſſe, de ſenſibilité ou de conſtance pour celui qu'on y expoſe ; mais jamais pour le Juge une preuve de vérité. Rien ne le prouve mieux que l'aveu des Criminaliſtes mêmes qui prononcent la nullité de tous les aveux faits à la Queſtion : à la vérité ils croient en corriger le vice, *en réitérant l'Interrogatoire, deux ou trois jours après la Queſtion ſoufferte, & en lui faiſant relire de nouveau ſes réponſes, pour qu'il puiſſe les ratifier de ſang froid* (m). Ce qui en réſulte, c'eſt que ſi le Prévenu confirme l'aveu fait à la Torture, la ſentence de mort eſt prononcée; s'il le révoque ſans en rendre des raiſons démonſtratives, on revient de nouveau au cruel moyen des tourmens. Que ſignifie donc le correctif qu'on emploie, & quel fonds peut-on faire ſur le *ſang froid* qu'on ſuppoſe au Prévénu? Si l'aveu qu'il a fait dans la premiere épreuve, jouiſſant de toute ſa vigueur, n'a aucune force, celui qu'il fera trois jours après, affoibli par la Queſtion, malade, troublé par le ſouvenir de ſes maux paſſés, & par la crainte des douleurs dont on le menace encore, en aura-t-il davantage?

Pour tirer la vérité du Prévenu, on commence par lui ôter toute préſence d'eſprit: quelle ſûreté peut-on trouver dans une telle déclaration? Quelle confiance peut-on y avoir? Comment pour-

---

(m) *Syſtême abrégé de Juriſprud. Crimin.* p. 159.

roit-on s'y prendre mieux pour en tirer un menfonge ?

On applique cet homme à la Queftion, pour éclaircir des variations, ou pour concilier des contradictions dans lefquelles il eft tombé par le trouble de fon ame ; & l'on augmente ce trouble, par un appareil effrayant, & plus encore par de cruelles douleurs.

Loin de donner aucune sûreté nouvelle aux recherches, l'ufage de la Queftion en diminue le poids. Il femble que les Juges n'aient appellé la Torture à leur fecours que pour fuppléer à leur ignorance, à leur peu de fagacité & à leur pareffe. Je parle des mauvais Juges, ou de ceux qui par leur caractere bouillant & léger, n'étoient pas dignes de l'être. Ils en font leur office avec plus de relâchement & de négligence : pour abréger leurs peines, ils augmentent impitoyablement celles du malheureux détenu, & fubftituent à la patience & à l'attention, un moyen violent, incertain & précipité, que leur application

& leur humanité auroient pu rendre inutile. Un inconvénient que je rapporte-
rai ici, & qui ira en croiſſant avec l'a-
verſion que la raiſon & l'humanité inſ-
pirent pour cette pratique, c'eſt que
tous ceux qui par principe ne pourroient
l'admettre, refuſeront de prendre place
dans les Tribunaux où elle continuera
à être admiſe; ce qui priveroit la Juſtice des ſujets très-propres à l'adminiſtrer:
aſſiſteroient-ils à des opérations violentes auxquelles leur ame répugne, & que
leur conſcience même ne leur permet pas
de mettre en œuvre?

TROISIEME REFLEXION.

C'eſt déja beaucoup pour décréditer
ce cruel uſage, que ce ſoit le moins propre de tous, à la recherche d'une vérité ſi intéreſſante pour la sûreté publique, & ſi peu propre à la découvrir,
qu'en l'employant même avec le plus de
de ſuccès, on ne peut s'aſſurer de rien:
mais ce ſera bien pis encore s'il donne
lieu aux plus criantes injuſtices, en expoſant la vertueuſe innocence à ſubir le

fort du crime. *On met en doute*, (dit
St. Augustin) *si un tel est coupable, &
pour le savoir, on le tourmente; s'il est innocent, il subira pour un crime très-incer-
tain, une peine très-certaine, & cela, non
pour avoir commis le crime; mais parce
qu'on ignore qui l'a commis* (n). Appro-
fondissons tous les égaremens de cette
conduite.

L'on conviendra sans doute que l'innocence doit tout au moins être présumée, & que celui-là est censé innocent
dont le crime n'est pas prouvé.

On ne doit jamais tourmenter un innocent, & le Prévenu est tel selon les
Loix, tant qu'il n'y a contre lui que
des indices, ou une preuve imparfaite.

Si l'innocence doit être présumée
plutôt que le crime, le risque de faire
souffrir l'innocent par la Question est
continuel.

La peine ne doit jamais précéder la
conviction, & l'on n'est jamais censé

____

(n) S. Augustin. *de Civit Dei*, Cap. VI. Lib. 19.

convaincu par des indices; la peine doit encore moins précéder la fentence; & néanmoins elle la précede à chaque fois que l'on donne la Torture, puifqu'on ne fauroit difconvenir que la Torture, fur-tout répétée & aggravée, ne foit un fupplice.

L'on ne cherche un coupable par cette funefte voie qu'avec la crainte continuelle de perdre un innocent, en le faifant fuccomber à la douleur.

La torture eft employée comme un moyen de découvrir l'auteur d'un crime commis. Une *peine* ne doit jamais être employée comme *moyen*; donc la Torture ne doit jamais l'être.

La Torture doit d'autant moins être employée comme moyen, que c'eft un moyen prefque fûr de condamner un innocent, foible ou timide, & d'abfoudre un fcélérat, robufte & audacieux. Son réfultat eft une affaire de calcul, qui doit néceffairement varier, felon le degré de force ou de fenfibilité du Patient.

Ici je releverai une pratique dou-
blement barbare des Criminalistes, rap-
portée par un Auteur, qui étoit bien
éloigné de l'approuver en la rapportant.

,, S'il y a, difent-ils, plusieurs Pri-
,, fonniers, auxquels on doive donner
,, la Queftion, fur un même délit;
,, on doit toujours commencer par
,, ceux qui paroiffent les plus foibles,
,, parce qu'il eft plus facile de les ame-
,, ner à la confeffion. Entre la femme
,, & le mari, on commencera par la
,, femme; & entre le pere & le fils,
,, on commencera par le fils, parce
,, que le mari ou le pere, touchés des
,, douleurs qu'endurent le fils ou la
,, femme, préféreront de fuivre les fen-
,, timens de la nature, & avoueront
,, la vérité, pour ne pas les expofer
,, à de nouveaux tourmens (o).

Oui, fans doute, *ils fuivront les fen-*
timens de la nature; & c'eft en les fui-
vant qu'ils abandonneront leur vie,

(o) *Syftème abrégé de Jurifprudence Crimin.* Chap.
XVII. De la Torture, page 157.

pour fauver des douleurs cruelles les perfonnes qui leur font cheres; & fup-pofé même qu'ils ne fuffent point cou-pables, ils ne prendront plus foin de leur innocence. C'eft par le cruel ftra-tagême, qu'en déchirant les entrailles d'un pere & d'un mari, par la feule vue de ce que fouffrent un fils ten-drement aimé, ou une femme adorée, on étouffera la voix de l'innocence, & que l'on forcera l'innocent à fe con-feffer coupable. Quelles expreffions pourroient mieux peindre la marche barbare d'un Inquifiteur ou d'un tyran!

J'ai dit que c'étoit un moyen pref-que sûr de perdre l'innocent timide, & de fauver l'audacieux criminel, que fa férocité rend plus capable de ré-fifter aux douleurs; " & c'eft ce qui „ rendra toujours infiniment périlleux „ & incertains les effets de la Torture. „ Un malfaiteur endurci & d'une „ forte conftitution, en bravera peut-„ être tous les degrés; *il purgera par-là* „ *tous les indices,* & fera abfous, tan-„ dis qu'un innocent qui manque de

,, force & de courage , cédera à la
,, violence des tourmens , & avouera
,, tout pour s'en délivrer (*p*).

C'est de quoi l'on a vu de tout tems
un nombre effrayant d'exemples : on
fait celui que rapporte *Valere Maxime*,
de l'esclave *Marcus Avius* , accusé d'a-
voir tué un autre esclave , nommé
Alexandre : il convint du prétendu
crime à la Question , & il subit le dernier supplice ; & après l'exécution, on
vit reparoître *Alexandre*. Et combien
d'exemples pareils ne pourroit-on pas
alléguer encore !

Quelle conclusion tirera-t-on des
aveux arrachés par la force à l'innocence , " si ce n'est que les tourmens
,, de la Torture répugnent si fort au
,, sentiment de l'humanité , qu'on de-
,, vroit

(*p*) *Quæstioni non semper fides , nec tamen nunquam
habenda, etenim est res fragilis & periculosa , & quæ vé-
ritatem fallat ; nam plerique patientiá sive duritie tor-
mentorum , ita tormenta contemnunt , ut exprimi eis ve-
ritas nullo modo possit ; alii tántá sunt impatientiá, ut
quodvis mentiri quàm pati tormenta velint. Ita fit ut
etiam vario modo fateantur, ut non tantum se, sed etiam
alios comminentur.* Verb JCti. in l. 1. §. 23. Quæstioni.
ff. de Quæst. CLARUS. Quæst. 64. n. 5.

,, vroit tout au plus la mettre en œu-
,, vre à la derniere extrêmité , lorfque
,, l'opiniâtreté d'un coupable, à peu
,, près convaincu, obligeroit le Juge
,, à en venir là pour lui arracher la
,, vérité qu'il recele (*q*).

Mais eft-il sûr qu'il foit coupable ?
Combien de fois n'a-t-on pas vu un
innocent, chargé, accablé, déconcerté
par une multitude d'indices, dans l'im-
poffibilité de les vaincre , vu la prévention des Juges , forcé à l'aveu par la
Torture , & livré à une mort cruelle ;
après laquelle le vrai coupable venant
à être découvert, par un coup imprévu
de la Providence, le Juge , du moins
le Juge Chrétien , reftoit plongé dans
les larmes & dans la douleur.

Je fupplie mes Lecteurs de pefer cette
objection terraffante pour la Torture :
,, c'eft (dit Mr. le Marquis BECCA-
,, RIA) qu'elle met l'innocent dans
,, une condition pire que le coupable ".

(*q*) *Syftême abrégé de Jurifprud. Crimin.* page 142.

Celui qui est digne de mort peut échap‑
per, & l'innocent peut périr : l'un
peut éviter la peine qu'il méritoit ; &
l'autre peut souffrir celle qu'il ne mé‑
ritoit pas : inconvéniens affreux qui ne
pourront avoir lieu dans les pays où
l'on a supprimé l'usage de la Torture,
& dans ceux qui feront encore cette
excellente réforme.

Il suffit que l'innocence soit possible,
malgré les indices, pour qu'elle doive
être présumée ; & jamais on ne se re‑
prochera de l'avoir présumée telle ; d'où
les défenseurs les plus zélés de la Ques‑
tion, feront déja forcés de conclure
avec moi & avec les plus sages Cri‑
minalistes, que le Juge ne doit la met‑
tre en œuvre qu'à l'extrêmité : mais
j'ose espérer de leur droiture, que
bientôt ils conviendront qu'il feroit
plus sûr & plus juste, de ne l'admet‑
tre dans aucun cas. Je me fonde en
cela sur les vrais & sacrés devoirs du
Juge, que j'établirai dans l'article qui
va suivre.

QUATRIEME REFLEXION.

La Torture eſt employée comme une eſpece de témoignage qui doit compléter la preuve d'une vérité dont on dit qu'on a déja une demi-preuve : mais que diroit-on d'une demi-preuve dans les ſciences ſuſceptibles de dé-monſtration , ou même de raiſonne-ment? Que ſeroit-ce qu'une *demi-preuve Géométrique* ou *Algébrique?* Exiſte-t-il des *demi-vérités* & des *demi-démonſtra-tions?* Si elles ſont de nulle valeur en Géométrie , en Algebre, ou ſeulement en bonne Logique, quelle valeur pourra-t-on aſſigner à ce qu'on appelleroit une *demi - preuve morale* , lorſqu'elle pourra conduire à priver quelqu'un de l'honneur ou de la vie? Dans un Tri-bunal qui doit être conſidéré comme le Temple de la Juſtice , tout ce qu'on en pourra dire, c'eſt que c'eſt une ébau-che , ou un commencement de preu-ve , qui doit s'achever par les mêmes voies, & ſelon les mêmes regles qu'elle a

commencé : mais ici quel progrès fait-
on dans la vérité que l'on cherche,
lorsqu'ayant commencé la preuve par
l'examen , ou le témoignage, on la
pourſuit, ou on la termine par les
tourmens ? Que fait-on en paſſant d'un
genre de preuve à un autre genre ſi
différent, qui étant d'une toute autre
nature, eſt incapable de s'unir au premier & de lui prêter aucun ſecours ?
Que fait-on , dis-je, par une telle
conduite , que de laiſſer ce qu'on appelle la *demi-preuve* dans toute ſon imperfection ; ſans que ce que l'on ac-
quiert delà , par la voie de la force,
y ajoute rien de lumineux ? Au-lieu
d'en corriger l'imperfection & le vice,
elle y en ajoute un plus grand , qui
eſt de bleſſer outrageuſement l'humanité , en traitant la créature raiſon-
nable & intelligente comme une ma-
chine qu'on peut forcer par de nouveaux reſſorts à produire les effets &
les mouvemens dont on a beſoin. Ainſi
dans la Queſtion que je traite, les dé-

terminations purement phyfiques que j'arrache, ne répondant ni à la nature du fujet duquel je la tire, ni à celle du fait & de la vérité que je recherche ; n'ayant aucune liaifon avec les premiers indices qui devoient diriger ma marche, ne fauroient donner ni aux Juges, ni à la fociété attentive à fes démarches, la conviction que devroit donner & que donneroit en effet une preuve au defir des Loix.

J'ai dit que *la Torture étoit employée comme une efpece de témoignage*, & c'eft ici un vice que l'on ne peut affez relever : *un témoignage contre foi-même !* tandis que ce témoignage eft de nul effet en fa faveur, dans un cas où même avec vérité & avec Juftice, il pourroit lui être utile ; il eft reçu ici dans le tems qu'il peut & qu'il doit le perdre, puifqu'il n'eft reçu qu'en s'accufant, ou en s'avouant coupable. Le Prévenu n'en fera cru qu'en fe reconnoiffant tel, fuppofé même qu'il fût innocent ; & ce té-

moignage aura ce double vice, d'être
rendu par lui contre lui-même, & d'être
arraché par un moyen presque irrésisti-
ble, qui fait dès là frémir la nature : ce
vice est si grand qu'il peut faire prononcer un mensonge tout aussi aisément
qu'une vérité : ce mensonge aura néanmoins les mêmes effets, & produira souvent de la part des Juges les plus inte-
gres une cruelle injustice. Ils prononce-
ront un arrêt de mort contre l'innocent, dans le tems même qu'ils desirent
de le sauver.

Object. Mais (diront les défenseurs
de cette funeste pratique) quelque
odieux que ce moyen vous paroisse, il
aura le double avantage de *compléter les
indices* qui montrent le vrai coupable,
ou de *purger les indices* qui paroissoient
charger le véritable innocent.

Rep. J'ose assurer qu'il n'aura ni l'un
ni l'autre de ces avantages ; le premier,
de *compléter les indices*, ou de les rendre
équivalens à une preuve légale ; & j'ap-

pellerai ici la maxime de droit , *quod ini-
tio non valuit , lapfu temporis convalefcere
non poteft :* ce qui eft vicieux dans fon
origine , ne devient pas meilleur dans la
fuite , s'il ne change de nature. Or dans
ce cas les indices font toujours les mêmes, ils n'acquierent ni force ni lumiere
par la violence ; les indices ne préfen-
tent au Juge que des probabilités & des
vraifemblances , ils ne deviennent pour
lui des preuves & des certitudes, qu'autant qu'ils le conduifent par degrés à la
conviction ; fans elle le Juge ne peut
condamner, & l'expreffion de la douleur ne la produit point : c'eft donc le
préjugé, & non le raifonnement, qui
fait dire que la Torture, en arrachant
l'aveu, *complete la preuve* : & comment
cette preuve qui , jufques au moment
de la Queftion donnée au Prévenu,
étoit foible & infuffifante, deviendroit-
elle plus convaincante par un aveu extorqué, tandis que l'on décide qu'un
aveu libre & tranquille, mais extraju-
diciaire ne fuffiroit pas ? C'eft une con-

tradiction manifeste avec le principe reconnu par tous les Criminalistes, qu'un *aveu forcé* ne prouve, & par conséquent ne *complete rien*. Que si le Prévenu n'est pas devenu plus coupable, il n'est en rien plus digne de peine. La Question, sans nous le montrer plus criminel, n'a fait que le rendre plus malheureux ; mais s'il est innocent, j'estime que le Juge qui le condamne sur le fondement que je réfute est infiniment plus à plaindre que sa victime.

Le moyen violent de la Question aurat-il le second avantage dont on pense lui faire honneur, *de purger les indices* qui flétrissoient l'innocent par les soupçons qu'ils répandoient contre lui ? Mais que veut dire ce jargon, *purger les indices* ? Il signifie sans doute les effacer, les rendre inofficieux & inefficaces. Envisagez-vous donc la Torture comme un moyen de séparer la vérité de l'erreur ? La considérez-vous comme un creuset qui affine l'or ? Est-elle propre à détruire poids des indices & des présomptions ?

Celui qui en a contre lui de confidérables, les efface-t-il en réfiftant aux douleurs? Ou celui contre qui ces indices
font plus légers, en augmente-t-il le
poids par fa foibleffe? Mais de quels indices parle-t-on? Eft-ce de ceux qui char-
geoient le vrai coupable, qui peut en
effet échapper à la force des indices,
& les effacer par la feule vigueur de fon
tempérament, ou par fon obftination;
tandis que le tems, la dextérité, & la
perfévérance du Juge eût mis peut-être
au grand jour ce qui par la méthode vio-
lente qu'on a fuivie, reftera toujours
douteux? Convenons que fi le coupable
purge les indices, c'eft un très-grand mal,
puifqu'il s'affranchit par-là de la peine
qui lui étoit due. Que fi l'on entend
par ces indices, ceux qui chargent l'innocent, il ne les purgera pas non plus
s'il fuccombe aux douleurs, & ne les
purgera pas même en les foutenant fans
rien avouer: la Torture, quoique foutenue, fera pour lui une tache ineffaça-
ble, & n'aura fait qu'augmenter le poids

des indices & des soupçons; enforte que
foit qu'il foit victime de cette pratique
équivoque, ou qu'il en triomphe, on ne
viendra point au but qu'on fe propo-
foit, de *purger ou d'effacer les indices*,
comme on n'avoit pu réuffir à les compléter: cette épreuve ne fera que les
rendre plus douteux; que dis-je, elle
les fortifiera au grand préjudice de l'innocence, en ajoutant une nouvelle
flétriffure à l'impreffion funefte d'a-
d'avoir été violemment foupçonnée d'un
crime.

Obfervons que ceux même qui pré-
tendent que la Queftion foutenue
purge les indices du crime, établiffent
qu'elle ne détruit pas la force des
preuves qui le condamnent: elle exempte
feulement de la peine ordinaire, en fou-
mettant le coupable à une peine moindre
que celle qu'il eût fubie, s'il eût avoué;
& c'eft ainfi que nous l'avons prati-
qué nous-mêmes dans le cas de crime
capital, avoué librement, & enfuite
défavoué & nié à la Queftion de trois

différens degrés : la peine de mort à laquelle il eût été condamné selon la Loi, s'il n'eût pas révoqué son aveu, fut commuée en une peine afflictive ; ce qui prouve que quoique l'aveu révoqué ne fût censé dès lors former contre le détenu qu'un indice, cet indice ne fut pas censé purgé, ou effacé par la Torture.

Non seulement on force à témoigner directement contre soi-même par cette voie cruelle, & à avouer le crime qui est l'objet de la Procédure ; mais en certains Tribunaux, & anciennement plus qu'aujourd'hui, on questionnoit le Criminel sur d'autres crimes que celui dont il avoit été accusé. Ce procédé étoit autant contraire à la saine politique, qu'il étoit injuste ; car pourquoi rechercher des actes criminels, qu'aucun indice ne manifestoit ? Comme si la Justice n'avoit pas assez de crimes à punir, assez de forfaits & d'attentats sous les yeux : & pourquoi chercher à augmenter le scandale

qui n'est déja que trop grand , & dés-
honorer la nature humaine , en mul-
tipliant des découvertes qui font son
opprobre ? D'ailleurs la Justice humaine, qui né voit que les actions , doit préfumer l'innocence par-tout où elle ne
voit pas du moins les apparences marquées
du crime : l'homme empiéteroit sur les
droits de la Divinité , en entrepre-
nant , fur-tout par la violence , de
fouiller les replis du cœur , & en re-
cherchant de actes criminels qui ne
font pas préfumables , dès qu'ils font
cachés. Un Juge qui agit de cette maniere , fe conduit comme un tyran ,
qui fe délecte à faire fouffrir. Un crime
inconnu ne peut être l'objet que de la
cruelle Inquifition , qui, convertiffant
le Tribunal augufte de la Juftice, en
un Confeffionnal fanguinaire , dénature
la pénitence , & n'arrache des aveux
des crimes bien fouvent imaginaires,
que pour faire des victimes de fes pé-
nitens. Le Juge dira-t-il au Prévenu ?
*On te tourmente , non plus parce que tu
es coupable , mais parce que tu pourrois*

l'être encore à d'autres égards. Puniſſez-
le du crime connu ; c'eſt tout ce que
vous demande la ſociété ; vous ne de-
vez rien de plus au genre humain.

Heureuſement nos Tribunaux déteſ-
tent tout ce qui reſſemble à l'Inquiſi-
tion, & tout examen ſecret fut inteɪ-
dit de tout tems , par la franchiſe &
par les Loix de notre nation. Voilà
pourquoi notre ancien Plaiĉt prononçoit
que perſonne ne pourroit être mis à la
Queſtion qu'en public ; *in ſecréto non debet torqueri , ſed palam ;* & encore ne pouvoit-on y procéder qu'après un décret
unanime du Tribunal , *niſi fuerit cognitum concorditer.* Quoique la liberté du
Citoyen fût autant ménagée qu'elle
pouvoit l'être dans un tems où la
Queſtion étoit regardée comme néceſſaire ; combien ſon honneur & ſa vie,
ne ſont-ils pas expoſés encore tant
qu'elle ſera permiſe. Je terminerai cet
article , qui a pour objet le témoignage, par celui qu'on tâche de tirer
du Prevenu , pour découvrir des com-

plices, dans les cas où l'on soupçonne la complicité. Ne sent-on pas le grand inconvénient qui peut résulter de tourmenter un homme, pour découvrir le crime d'un autre, sur le témoignage d'un seul homme reconnu par un crime avéré, indigne & incapable d'en rendre aucun ? Sur un témoignage si vicieux, & rendu plus vicieux encore par le moyen qui le lui arrache, un ou plusieurs innocens pourroient être tourmentés à leur tour, & forcés à l'aveu d'un crime qu'ils n'ont point commis.

Deux écueils également redoutables pour des ames justes, font sentir le danger de cette pratique ; l'un est, qu'une ame atroce ne peut être reçue qu'en tremblant à une pareille indication ; sa perversité, si le crime dont il est convaincu est de la classe la plus odieuse, pourroit seule le porter à faire des malheureux ; un motif secret d'animosité & de vengeance peut s'y joindre encore : que fera-ce si un nouveau crime ne lui coûte rien de plus ; s'il est las de la vie préfente , s'il eft affez abruti pour ne pas croire , ou affez forcené pour ne pas craindre les peines de l'autre. Un fecond écueil non moins dangereux eft, qu'il pourroit concevoir l'idée & l'efpérance d'échapper au dernier fupplice, en compliquant la fcene , en embarraffant le fait & les Juges ; peut-être fe flattera-t-il qu'en nommant des complices accrédités ; & en les nommant comme les premiers agens, leur crédit & leur nombre pourront le fauver. Peut-être lui fuffit-il de différer fa fentence , dont l'exécution devra néceffairement être fufpendue jufques à un plein & entier développement : dans cet intervalle, il envifage comme poffible quelque fecours, ou de rendre praticable quelque ftratagême pour s'évader. Qui ne frémiroit en penfant qu'un fcélérat de ce caractere, un miférable fans Religion , & qui a de telles vues, peut, même en mourant, laiffer des innocens dans ce cruel embarras , les expofer, de propos délibéré, à des tourmens, qui, selon leur sexe, leur âge, leur tempérament, le degré de leur sensibilité ou de leur foiblesse, pourroient les forcer à l'aveu d'un crime qu'ils n'ont pas commis.

Nous en avons un exemple mémorable en la personne d'un malheureux, récemment échappé au dernier supplice, après en avoir éprouvé toutes les horreurs : il est rapporté par Mr. Cassen, Avocat au Parlement de Paris, dans son *Mémoire* imprimé en 1767, pour *Pierre - Paul Sirven, sa femme & ses filles, demandeurs en Évocation*, page 22.

„ Un particulier fut volé dans sa „ maison, sur le soir ; il accusa le „ nommé *Yves le Flem*, qui fut dé- „ crété de prise de corps. Celui „ qu'on avoit volé & sa servante „ déposerent le fait avec des circonf- „ tances positives ; ils prétendirent „ l'un & l'autre *avoir reconnu* Yves „ le Flem : cet accusé fut condamné

„ par

„ par le premier Juge , *à la Queſtion*
„ *& à être pendu.*

„ L'inſtruction ſur l'appel n'offrit
„ rien pour la juſtification , & la ſen-
„ tence fut confirmée , tant contre
„ Yves le Flem , que contre pluſieurs
„ accuſés de complicité , & d'avoir
„ commis d'autres vols.

„ Yves le Flem ſubit toute la rigueur
„ de la Queſtion , il ne ceſſa de proteſ-
„ ter de ſon innocence; elle fut encore
„ confirmée par la déclaration de
„ deux autres complices , qui furent
„ exécutés le lendemain : deux accuſés,
„ condamnés à être pendus le même
„ jour, perſiſterent à le charger dans
„ les tourmens; ils furent tous trois
„ conduits au lieu du ſupplice; Yves le
„ Flem devoit être exécuté le dernier.

„ L'un ſubit ſa condamnation, le ſe-
„ cond étoit à l'inſtant de perdre la vie;
„ il ne réſiſta point aux remords, & il
„ déclara qu'Yves le Flem étoit in-
„ nocent; toutes les charges du Procès
„ furent rempiies à la décharge de l'ac-
„ cuſé.   F

„ On prit la sage précaution de sur-
„ seoir à l'exécution de le Flem. La
„ bonté paternelle du Souverain s'étend
„ sans diftinction fur tous fes fujets;
„ les cris de l'innocence ont percé juf-
„ qu'au trône, & cette victime infor-
„ tunée de l'erreur va encore puifer
„ dans la Juftice fuprême un refte de
„ vie qu'elle a été au moment de per-
„ dre dans les fupplices & l'ignominie.

„ La défenfe de ce malheureux
„ (ajoute Mr. Caffen) nous eft con-
„ fiée dans ce même moment; nous ef-
„ pérons que nos foins confacrés à l'hon-
„ neur de la juftice & de l'humanité,
„ contribueront à venger une famille
„ innocente, & à rendre la liberté à
„ un homme fans reproche, qui ne
„ jouit que de l'exiftence phyfique,
„ depuis l'arrêt définitif qui le condam-
„ ne au dernier fupplice".

Cet exemple préfente à la fois d'une
façon bien frappante, l'incertitude des
indices, les écueils affreux de la Torture, & la poffibilité effrayante qu'un

ſcélérat peut charger un innocent à la Queſtion, & mourir en ſoutenant une fauſſe accuſation.

Je ſais de quelle importance il eſt de découvrir les complices d'un crime qui tendroit à troubler le repos public par des ſéditions, à anéantir un juſte Gouvernement, ou à renverſer par des moyens illicites, une conſtitution ſolidement & légitimement établie. Je ſais que des Politiques très-ſages & très-éclairés, qui penſent qu'on ne ſauroit mieux faire que d'abolir la Torture, ſont indécis encore s'ils n'en permettroient point l'uſage dans ce ſeul cas (*r*); j'y pencherois moi-même, ſur des raiſons qui me paroiſſent bien fortes, ſi je ne voyois pluſieurs grands Etats régis par des génies ſublimes, qui, après avoir conſidéré ce ſujet ſous toutes ſes faces, après avoir balancé la ſomme des avan-

(*r*) Les Citoyens d'Athenes ne pouvoient être mis à la Queſtion, que pour le ſeul crime de Leze Majeſté. Lisias *Orat. in Argorat.* & les Loix Romaines 3. & 4. *ad L. Juliam Majeſtat.* ne la permettoient que dans ce cas ſeul.

tages & des inconvéniens de cette pratique, l'ont entierement abandonnée ; sans doute pour avoir senti qu'on pouvoit y suppléer par la lenteur, la prudence & la sagacité de l'examén ; seule voie ouverte à l'homme, qui ne veut fonder ses arrêts que sur la Justice : sans doute ils se sont convaincus qu'aucune voie n'étoit permise, & que si elle laissoit quelque vuide, si elle ne remédioit pas à de certains inconvéniens, elle en évitoit de beaucoup plus grands.

Voyons de plus près ce qu'un Juge, qui a véritablement à cœur ses devoirs, peut se dire en pareil cas.

Tout Juge doit rendre justice, & il doit la rendre avec plus de scrupule & de circonspection *en matiere Criminelle*, où son office a pour objet l'honneur & la vie, *qu'en matiere Civile*, où il n'est question que de la propriété, ou de l'usage des biens.

En matiere de crime, sa fonction a deux parties bien importantes: de *consf.*

tater le crime, & de le *punir*, en prononçant la peine que dicte la Loi.

Pour le conftater, il ne doit faire que
des *recherches*, & jamais des *fuppofitions*:
jamais il ne doit dire en commençant
fon ouvrage, *le crime eft commis*; mais
le crime a-t-il été commis effectivement? en
préfumant plutôt pour l'honneur de la
nature humaine qu'il ne l'a pas été, fur-
tout lorfque le crime feroit atroce, il
peut préfumer le contraire avec décen-
ce, & il le doit, autant que les circonftances peuvent le permettre, & c'eft ce
qui fait un fi grand devoir de *conflater
le corps du délit.* Ainfi lorfque quelqu'un
fe plaint d'avoir été volé, le premier
foin doit être de rechercher *s'il l'a été
en effet?* Sur-tout fi le vol prétendu eft
confidérable, parce que ce fait vrai ou
fuppofé, réél ou frauduleufement allé-
gué, peut avoir de grandes conféquen-
ces, ou pour autorifer une banqueroute,
ou pour couvrir des malverfations; &
voilà pourquoi l'on exige la déclaration

fermentale de celui qui s'est plaint d'un vol à lui fait.

Si les effets désignés par serment, comme volés, se trouvent entre les mains de quelqu'un, la premiere démarche doit être de s'assurer comment les choses lui sont parvenues, & jusques à ce qu'il paroisse par des indices suffisans que le Détenteur est dans le cas d'être soupçonné, on doit ménager sa liberté, & n'en venir à l'enquête spéciale ou à l'emprisonnement, que sur des motifs assez puissans pour forcer en quelque maniere le Juge à s'assurer de la personne, aussi bien que des effets dont il est saisi.

Un homme est trouvé mort; la premiere opération doit être de rechercher s'il n'est point mort de mort naturelle, ou par accident fortuit; s'il ne s'est point tué lui-même par malheur ou par imprudence; s'il s'est défait soi-même par mélancolie; si enfin des indices bien avérés, ou bien attestés, ne laissent nul doute qu'il ait été victime de la rapacité d'un voleur, ou de la vengeance d'un ennemi ; en ce cas même, on fe gardera bien d'en chercher l'auteur dans les relations les plus prochaines, de pere ou de mere, de fils ou de filles, de frere ou de fœur, de mari & de femme : jamais on ne fera cet outrage à la nature, en préfumant de telles atrocités, fans y être conduit par une accumulation de circonftances qui forcent, pour ainfi dire, le Juge le plus humain à les reconnoître ; mais dès qu'il paroî- tra évidemment que quelqu'un a été tué par violence, la premiere queftion ne fera jamais, *un tel l'a-t-il tué?* mais *quelqu'un l'a-t-il tué ?* & la feconde, *qui l'a tué?* Et le meurtrier étant enfin défigné par de fuffifans indices, *pour quelle caufe & dans quelles circonf- tances l'a-t-il privé de la vie?*

Il en fera de même de tous les cri- mes qui en feront fufceptibles : dans la recherche de tous les faits odieux & de leurs auteurs, il y a une gradation

& une enchaînure de petits faits, & de menues circonstances, dont une seule ne pourroit en certains cas être omise, sans un grand péril, sans le péril du moins de manquer le vrai caractere de l'action : mais lorsqu'enfin le malheureux auteur de l'action vraiment criminelle est désigné de façon qu'on ne puisse s'y méprendre, sans avoir néanmoins contre lui de preuve certaine, le Juge devra employer par notre systême tous les moyens de parvenir à sa pleine connoissance, excepté celui de la Torture.

Les lumieres naturelles ne prononcent rien de contraire à cette maxime : mais nous dirions trop peu, si nous n'ajoutions que l'usage de la Question, dans ce cas sur-tout, seroit absolument condamné par les principes du DROIT NATUREL.

I. PRINCIPE.

L'un des principes les plus généraux pour les Juges, est non seulement de ne point commettre d'injustice, mais

encore de ne pas ſe mettre volontairement en péril d'en commettre aucune.
Or par l'uſage de la Queſtion employée
comme *moyen* , il eſt preſque impoſſible au Juge de ſe garantir de ce péril,
c'eſt-à-dire , de s'aſſurer qu'en l'employant, elle ne le conduira pas quelquefois à condamner l'innocent & à
l'opprimer.

II. PRINCIPE.

Un autre principe inconteſtable eſt
que la peine doit ſuivre le crime ;
mais elle ne doit jamais précéder l'entiere & complete conviction de celui
qui eſt accuſé ou ſoupçonné de l'avoir
commis. La Torture eſt non ſeulement
une peine , mais un ſupplice ; donc
elle ne peut être infligée à celui qui
n'eſt pas encore convaincu; ſi cela eſt,
elle peut encore moins être employée
pour le convaincre.

III. PRINCIPE.

La ſeule peine d'une mauvaiſe action doit être celle qu'inflige la Loi.

Les Loix pénales ne prononcent qu'une peine , ou qu'un supplice , en expiation de chaque délit ou de chaque crime ; l'usage de la Torture multiplie ces peines & ces cruautés ; & c'est sans doute ce cruel & fréquent abus qui a fait appeller la peine de mort, *le dernier supplice.*

IV. Principe.

Aucune Loi , du moins sage & juste, n'inflige de peine & moins encore de supplice , que dans le cas de la pleine conviction. La Torture est un supplice qui devance la conviction ; elle est donc contraire aux Loix & à la Justice.

V. Principe.

L'innocence doit être présumée plutôt que le crime ; & tout homme, même accusé, est censé innocent, jusques à ce qu'il soit légalement prouvé qu'il est criminel. S'il est censé innocent, il ne doit être exposé à souffrir que lorsqu'il sera démontré qu'il le mérite.

Ce petit nombre de regles tirées des principes fondamentaux du Droit Naturel & des notions les plus intimes du jufte, peut fuffire pour nous convaincre qu'on ne peut employer la Torture dans la Procédure Criminelle, fans les violer.

La Revelation n'eft pas plus favorable à cet ufage. Selon la Loi que Dieu donna à fon peuple, le crime devoit être invariablement puni; mais il ne devoit être recherché que d'une maniere qui pût le rendre certain.

(*) *Quand il fe trouvera au milieu de toi,* (dit Dieu par la bouche de Moïfe) *foit homme foit femme, qui faffe ce qui eft odieux à l'Eternel, ton Dieu..... & que cela t'aura été rapporté, & que tu l'auras appris, alors tu t'en enquerras exactement, & fi tu trouves que ce qu'on a dit foit véritable, & qu'il foit certain qu'une telle abomination ait été commife en Ifraël, alors tu feras fortir vers tes portes cet homme ou cette femme, qui au-*

(*) Deut. XVII.

ront fait cette méchante action.... tu les assommeras de pierres, & ils mourront.

On fera mourir, sur la parole de deux ou de trois témoins, celui qui doit être puni de mort; mais on ne le fera pas mourir sur la parole d'un seul témoin... ainsi tu ôteras le méchant du milieu de toi.

Quand une affaire te paroîtra trop difficile pour juger entre meurtre & meurtre, entre cause & cause, entre plaie & plaie.... alors tu te leveras, & tu monteras au lieu que l'Eternel, ton Dieu, aura choisi, & tu viendras aux Sacrificateurs qui sont de la race de Lévi, & au Juge qui sera en ce tems-là, & tu les interrogeras, & ils te déclareront ce que porte le droit, & tu feras de point en point ce qu'ils t'auront déclaré.

Cette Loi (car c'en étoit une très-expresse pour les Juifs) est en même tems une regle & une instruction bien importante pour tous les Juges. Dieu veut que le crime soit puni de mort ; mais il veut que le Juge s'assure premierement, *que ce crime est certain*, & pour cela *qu'il*

s'en enquiere exactement, & que *sur la foi
de deux ou de trois témoins*, il soit puni ;
mais il ajoute *qu'on ne fera mourir personne sur la parole d'un seul témoin*, sans
rien déclarer sur l'effet de ce témoignage ; d'où il paroît qu'il étoit de nulle
valeur, & que ce que nous appellons
aujourd'hui *une demi-preuve*, étoit, selon la volonté même de Dieu, de nulle
confidération, pour infliger aucun châ-
timent ; c'eût été néanmoins le cas d'ex-
primer ce que le Juge devoit faire, & si
au moyen de ce témoignage d'un seul
homme, ou d'indices équivalens, le Juge
pouvoit chercher à compléter sa preuve
par des voies plus rigoureuses : le silence du Juge suprême de l'humanité, de
l'Etre qui prévoit tout, dit beaucoup à
cet égard, & ne montre pas qu'il l'ap-
prouve ; car sans doute on ne soupçon-
nera pas ce silence d'omiffion, c'est-à-
dire d'avoir négligé un moyen de conviction, ou d'avoir abandonné un innocent qui pouvoit être à la discrétion
d'un Juge ignorant, intéreffé, ou im-

pitoyable, qui pouvoit le perdre ; ajou-
tez, selon le langage des Criminalistes,
que cet innocent pouvoit purger les indices par la Question, comme la femme
soupçonnée d'adultere, pouvoit purger
le soupçon, en buvant les eaux ameres.
Aucune de ces présomptions ne seroit
permise, parce qu'elle seroit injurieuse
à la Divinité & en quelque sorte blaf-
phématoire. Au-lieu d'ouvrir cette route, le Souverain Juge prescrit la marche
que les Tribunaux Juifs devoient suivre,
en posant le cas précisément le même que
celui dans lequel se trouvent nos Juges
Criminels, lorsqu'ils décernent la Torture comme un moyen & une épreuve
subsidiaire. *Quand une affaire te paroîtra
trop difficile pour juger entre meurtre &
meurtre ; en ce cas Dieu ordonne au Ju-*
ge de recourir à la consulte du Sacrificateur & du Juge en chef de la nation,
& *de faire de point en point ce qu'ils auroient déclaré.* Ce Sacrific ateur, si c'étoit
le Souverain Sacrificateur, avoit le glo-
rieux privilege de pouvoir consulter l'E-

ternel, par l'*Urim* & le *Tummim*. Le Ju_
ge de la nation étoit auffi conduit par
l'Efprit de Dieu, puifqu'il eft dit que
*l'Eternel fufcitoit des Juges, & que quand
l'Eternel leur fufcitoit des Juges, l'Eternel étoit auffi avec le Juge;* de forte que
ni l'un ni l'autre n'étoic fujet à l'erreur, lorfqu'ils étoient confultés par fon
ordre exprès. Cette décifion faifoit con_
noître fans doute aux Tribunaux, fi, &
à quel point l'homme foupçonné de
crime étoit coupable; elle régloit fon
fort par un arrêt définitif qui ne pouvoit
(venant des Miniftres que l'Eternel lui-
même avoit choifis, & infpirés) faire
fouffrir l'innocence, ni violer les regles
éternelles de la Juftice : mais ce qui eft
bien digne d'être obfervé, c'eft qu'en
tout cela, & dans tout le refte des écrits
facrés, il n'eft pas dit un mot qui puiffe
autorifer la violence dans la recherche
du crime. Par-tout nous entendons le
fage & fuprême Légiflateur tenir ce lan_
gage aux Juges, aux Magiftrats & aux
Rois : *Tu ne laifferas point le crime im-*

puni.... vous ôterez le méchant du milieu de vous : mais jamais : *vous tourmenterez celui qui n'eſt pas encore reconnu tel.* Dieu dont l'intelligence eſt infinie, prévoyoit bien néanmoins que dans tous les tems, les Juges les plus éclairés feroient fréquemment arrêtés dans leurs recherches, par les apparences les plus douteuſes & les plus embarraſſantes d'innocence ou de crime, & fouvent encore par la réſiſtance, les menfonges & les artifices des vrais criminels : mais il n'exige rien au-delà de leurs forces. Il trouva bon d'ouvrir aux Tribunaux Juifs une reſſource infaillible ; la confulte du Sacrificateur & du Juge auxquels Dieu réfervoit la décifion des cas de cette nature, étoit un Oracle : mais les Juges humains, quelque élevés qu'ils foient en autorité, n'en peuvent rendre de tels ; de forte que toute leur reſſource eſt celle que leur donne la Juſtice & la prudence, de s'arrêter dans leurs recherches, là ou leurs propres lumieres & celles que répandent les faits & les témoignages ceſſent de les éclairer :

éclairer : c'eft de terminer, je dirai même, de couronner leurs travaux, en prononçant ce mot fi fage, fi fouvent d'u-
fage & qui femble fait pour notre nature, Non liquet.

Je ne m'arrête pas davantage à réfuter
ceux qui, pour attirer quelque refpect
à l'ufage de la Torture, alleguent qu'elle
doit fon origine à la Loi de Dieu (*s*).
C'eft, difent ils, de l'ufage des eaux
ameres que les femmes foupçonnées
d'adultere étoient contraintes de boire,
qu'elle dérive : mais outre que ce genre
de preuve pour le crime d'adultere étoit
rarement admis, & ne l'étoit que pour
ce feul cas, ces eaux ne faifoient aucun
mal à une femme injuftement accufée;
le Texte facré (*Nomb.* V. 27. & 28.)
eft exprès fur ce fujet: *Après que le Sacrificateur lui aura fait boire les eaux, s'il
eft vrai qu'elle fe foit fouillée & qu'elle
ait commis le crime contre fon mari, les
eaux qui apportent la malédiction entreront*

____

(*s*) Vouglans, *Inftitut. au droit Criminel.* Part.
VI. Chap. IV. §. 3.

en elle… son ventre enflera, & sa cuisse tombera…. Que si la femme ne s'est point souillée, & qu'elle soit pure, elle n'en recevra aucun mal, & elle aura des enfans.

Les Interpretes ajoutent (*t*) que la femme innocente en devenoit plus belle & plus vigoureuse ; ce qui ne peut avoir lieu dans le cas de la Torture, où la condition de l'innocent qui la souffre, devient pire que celle du vrai coupable ; joint à cela que l'épreuve des eaux ameres étoit infaillible, par l'institut formel & par la puissance du suprême Législateur ; tandis que l'effet de la Torture d'institution purement humaine, est tout-à-fait incertain, dépendant de l'arbitre & du Jugement, souvent erroné, des hommes, d'où il résulte que ceux qui sont soumis à cette fatale épreuve, ou perséverent dans la négative du crime qu'ils ont réellement commis, ou le confessent, quoiqu'ils n'en soient pas les auteurs, pour s'exempter des douleurs qu'ils redoutent quelquefois bien plus que la

(*t*) D. CALMET.

mort; enſorte que pour le crime commis ou non, l'innocent & le coupable peuvent eſſuyer la même peine.

Cinquieme Reflexion.

Si le parti de s'arrter au défaut de preuves, étoit le plus ſage, ſi l'on étoit conduit à le prendre par les principes du droit naturel, par les regles du bon ſens, & par les Loix mêmes de Dieu; quelle illuſion a-t-on pu ou pouvoit-on ſe faire encore pour juſtifier cette pratique? peut-être a-t on cru que c'étoit forcer en quelque ſorte le crime dans ſon dernier retranchement? mais a-t-on penſé qu'on alloit forcer peut-être auſſi la timide innocence dans ſon dernier & unique azyle? & cependant on a des exemples ſans nombre d'innocens qui ont péri de cette maniere.

Les Juges ſe trompent, lorſqu'ils ſe croient appellés à dévoiler tous les crimes qui peuvent être commis dans leur reſſort, & à les amener au grand jour. Il n'importe pas cependant que tout ce qui est punissable soit connu ; mais que tout ce qui est distinctement reconnu pour criminel, soit séverement puni. Il importe pour l'exemple, qu'aucun crime connu ne puisse se vanter de l'impunité : mais on ne peut punir un crime caché ; on n'est obligé de punir que le coupable démontré tel ; la justice n'exige rien de plus des Juges : que dis je ! elle ne lui permet rien davantage, parce que tout ce qui iroit au-delà des voies de l'examen & des perquisitions légales seroit injuste.

Les Juges ne se tromperoient pas moins en croyant pouvoir ou devoir rechercher la preuve des crimes par toutes sortes de voies. Toutes celles qui ne font pas propres à éclairer, font méprisables : toutes celles qui peuvent tendre à l'oppression, font odieuses. C'est ainsi qu'en jugeroit un corps de Philosophes qui ne voudroient que le vrai, sans aucun mélange d'erreur ; c'est ainsi qu'en jugeroit sur-tout une société naissante, qui voudroit se garantir de la tyrannie, & conserver sa précieuse liberté.

Mais quoi dira un Juge integre & zélé, vous enlevez à la société le fruit de mes peines ; j'étois parvenu au point de toucher à la pleine conviction : le Tribunal étoit déja persuadé par la force des indices & par la combinaison des circonstances , que le prévenu étoit coupable ; il ne manquoit plus que son aveu, & ce prévenu l'eût donné, sans doute , s'il eût été pressé, ou s'il eût cru pouvoir l'être , par la Question. Vous le sauvez donc de la peine ; mais peut-être, lui répondrai-je , vous sauve-je vous-même d'une injustice ; telles & telles circonstances , continue-t-il, démontrent son crime , mais de plus fortes encore ont concouru contre l'in_ nocence. Vous étiez peut-être au bord du précipice, en croyant toucher à la vérité. Vous m'arrachez , dites-vous, un criminel à punir ; non, il ne l'étoit pas encore, & tant qu'il ne l'est pas légalement, je vous arrache vous-même du péril affreux d'ôter la vie à celui qui ne l'est pas. G 3

On ne sauroit trop le dire, & c'est un principe qui a dû être dans l'esprit de tous ceux qui se sont réunis pour former des sociétés. Tout homme est censé avoir réservé qu'il seroit tenu pour innocent & traité comme tel, jusques à ce qu'il fût expressément convaincu de ne l'être plus. Tous les moyens de défense doivent s'ouvrir à cette innocence présumée, & vouloir forcer à l'aveu, par la Torture, celui qu'on soupçonne, c'est ôter à tous les innocens soupçonnés le moyen de se défendre. Ne faudroit-il pas mieux laisser échapper plusieurs criminels, présumés tels, & peut-être injustement, que de faire périr un seul innocent, qui devoit être présumé l'être, & qui par un aveu forcé s'est disposé peut-être à la mort pour ne plus souffrir? Ne fera-t-il pas plus beau & plus juste de protéger l'innocence présumée, que de se mettre dans le cas de pleurer sa perte, & de la réhabiliter en gémissant de l'avoir sacrifiée?

Rccherchons en peu de mots les principales fources d'un fi grand mal.

1. L'ignorance, le peu d'application ou l'impatience des Juges, ont pu très-fouvent les y porter : *plus de lumieres* leur eût fait connoître les regles & les bornes de la Juftice : *plus d'application* leur eût fait découvrir & fuivre par degrés, tous les indices qui pouvoient les conduire au vrai, & percer au travers des nuages, des rufes & des fubterfuges dont s'enveloppoit le crime : *plus de patience* les eût éloignés de tous les moyens violens & périlleux d'abréger la Procédure.

Ici, (dit l'illuftre M. SERVANT) *ici un fpeĉacle effrayant fe préfente tout à coup à mes yeux; le Juge fe laffe d'interroger par la paroïe, il veut interroger par les fupplices; impatient dans fes recherches & peut-être irrité de leur inutilité, on apporte des torches, des chaînes, des leviers & tous ces inſtrumens inventés pour la douleur: un Bourreau vient fe mêler aux fonĉions de la Magiſtrature, & termine par la violence, un interrogatoire commencé par la liberté.*

Le martyre d'un homme qui peut être innocent, est un spectacle insoutenable pour un cœur vraiment Chrétien.

2°. Il est surprenant que dans les Etats dont le Gouvernement est le plus tempéré, il se soit établi un usage si éloigné de toute modération, & que dans les pays même où l'on voit le plus souvent des actes de bonté & de clémence, les Loix même autorisent, ou laissent subsister un usage qui expose continuellement à violer la Justice : mais cette pratique est née en des tems moins calmes & moins éclairés, dans un siecle où les guerres fréquentes avoient endurci les hommes à la douleur, étouffé la pitié, & rendu féroces ceux même qui par leur état ne devoient pas l'être. Tous les jours on voyoit répandre le sang ; à tout moment on voyoit souffrir, & le cœur s'y accoutumoit. L'intolérance religieuse en donnoit l'exemple, & fit passer ses fureurs & sa dureté dans les Tribunaux Civils. Oui, sans doute, c'est une branche & une suite de l'affreuse intolérance contre laquelle tous les bons efprits confpirent.

3°. Dans ces fiecles barbares & malheureux, l'intérêt prit fans peine la place de la Juftice; l'avarice qui avoit produit tant de profcriptions chez les Romains, fe livra fans réfiftance à l'appas des confifcations; les peines devinrent pécuniaires; les crimes les plus odieux furent évalués, & *l'efprit du Fifc* tourna tout à s'enrichir : le Juge en étoit alors l'Avocat plutôt que l'examinateur impartial de la vérité, l'exacteur de fes deniers plutôt que le protecteur & le Miniftre des Loix. Alors on creufoit le crime, comme l'avare creufe la terre, pour y chercher un tréfor. Alors s'avouer coupable, c'étoit fe reconnoître débiteur du Fifc, & toute la Procédure (dit le MARQUIS BECCARIA) *étoit dirigée à faire reconnoître cette dette à l'accufé.* Voilà pourquoi & comment s'introduifit la maxime d'exiger l'aveu, nonobftant la conviction; motif qui ne rendra jamais cette pratique recommandable.

Aussi a-t-on dit avec beaucoup de raison & de vérité, que *la cause du Fisc
étoit mauvaise sous un bon Prince* (*u*).

Il est étonnant que des Etats Chré-
tiens, gouvernés sous l'économie Chré-
tienne, & conduits par l'Esprit de l'E-
vangile, la plus douce & la plus humaine des Loix, aient adopté l'usage de la
Question, tandis que les Législateurs
Romains n'en userent point dans les
tems du paganisme, à l'égard des hommes libres, & ne le permirent que contre les esclaves (*x*), auxquels, par un
préjugé que le Christianisme a guéri, on
ne reconnoissoit aucune personnalité Civile: mais la barbarie de plusieurs siecles
avoit altéré les idées les plus saines, &
introduit les pratiques les plus bizarres,
telles que les épreuves de l'innocence

(*u*) Sub Principe bono , mala Fisci causa.

(*x*) Les Romains n'userent jamais de la Torture
contre les accusés, pour purger les indices du délit,
ni pour les forcer à répondre aux Juges, ni pour
concilier des contradictions dans lesquelles l'accusé
seroit tombé en répondant. Dans tout le Corps des
Loix Romaines, on ne trouve rien qui autorise ces
dangereuses pratiques.

par l'eau & le feu; celle des combats en champs clos, pour décider la juftice des prétentions, ou même des queftions de droit, & tant d'autres dont on rougiroit aujourd'hui. Celle de la *Queftion Préparatoire* & même de la Queftion dans tous les cas, s'anéantit aujourd'hui peu à peu, à mefure que les hommes réfléchiffent plus mûrement. Les *Anglois*, qui juftifient la bonté de leurs Loix par leurs progrès dans les fciences (*y*), l'ont fupprimée. Les *Suédois* les ont imités; un Monarque, qui (comme on l'a dit plus d'une fois) a fait affeoir la Philofophie fur le trône, l'a interdite; & la *Ruffie*, fi rapidement & fi habilement policée, a fait la même réforme. *Geneve* s'eft fait honneur de ce changement, & voici comme en parle un Auteur célebre par divers ouvrages: " Un fervice pour „ lequel feul les Genevois & tous les „ hommes juftes doivent bénir à jamais „ les Médiateurs, eft l'abolition de la „ Queftion préparatoire. J'ai toujours fur

______

(*y*) *Des délits & des peines*, p. 73.

„ les levres (ajoute-t-il) un fourire
„ amer, quand je vois tant de beaux li-
„ vres, où les Européens s'admirent,
„ & fe font compliment fur leur huma-
„ nité, fortir des mêmes Pays, où l'on
„ s'amufe à difloquer & brifer les mem-
„ bres des hommes, en attendant qu'on
„ fache s'ils font coupables ou non (z).

Si les Etats qui fuivent la Conftitution Criminelle de *Charles-Quint*,
appellée la *Caroline*, daignent en re-
trancher les articles qui autorifent la
Torture, ils auront affurément l'un des
meilleurs Codes de Loix pénales qui
nous foit connu (a). Il eft très-pro-
bable que ce grand Prince l'eût réfor-
mée lui-même en ce point, s'il n'eût
regné dans un fiecle qui commençoit
feulement à s'humanifer.

Depuis que la Philofophie morale a
éclairé le fentiment & diffipé les téne-

____

(z) *Lettres écrites de la Montagne*, p. 333.
(a) Depuis que la Suiffe fut libre, les *Conftitu-*
tions Impériales ne purent y avoir aucune autorité
obligatoire, & fi elles furent fuivies en matieres Criminelles, ce ne fut que par la grande idée que l'on
eut de leur équité.

bres qui l'offufquoient , les hommes fages ont fenti par-tout, les affreux inconvéniens d'une pratiqúe qui n'étoit qu'un écart de la Juftice : *mais l'ufage , (dit le Marquis* BECCARIA *) l'ufage , ce tyran des ames , a impofé filence à la voix de la nature.*

Eft-il bien vrai , (s'écrie M. SERVANT , dans fon excellent *difcours fur l'adminiftration de la Juftice Criminelle*) *eft-il bien vrai que nos Loix approuvent cette méthode inconcevable , & que l'ufage la confacre ?*

„ Je fais (dit - il ailleurs) ce qu'on
„ doit aux coutumes anciennes, & j'é-
„ toufferois ici le cri du fentiment, je
„ me defierois fur-tout de moi-même,
„ fi je ne voyois les meilleurs Gou-
„ vernemens, & les peuples les plus
„ fages profcrire avec horreur la Quef-
„ tion, & l'infulter chez nous comme
„ dans fon dernier refuge : nos plus
„ grands hommes, nos premiers génies
„ l'ont dénoncée à la raifon humai-
„ ne, en la flétriffant par avance dans

,, leurs écrits. Je me sens honoré, de
,, mêler ma voix avec la leur, & de
,, rendre en public un témoignage fa-
,, vorable au genre humain; & si la
,, superstition & l'usage me suscitoient
,, quelque censeur, l'humanité qui
,, m'applaudit au fond du cœur, me
,, consoleroit des murmures du préjugé.

,, Une des cruautés consacrées par
,, l'usage de la plus grande partie des
,, nations, est la Question donnée à
,, l'accusé, pendant le cours de l'ins-
,, truction de la Procédure, ou pour
,, tirer de lui l'aveu du crime, ou
,, pour éclaircir les contradictions dans
,, lesquelles il est tombé, ou pour le
,, forcer à déclarer ses complices, ou
,, pour découvrir d'autres crimes dont
,, il n'est pas accusé, & dont il pour-
,, roit être coupable, ou pour je ne
,, fais quelle nécessité métaphysique &
,, difficile à comprendre de purger l'in-
,, famie (*b*).

(*b*) Le Lecteur est prié de lire avec attention dans
l'excellent Traité *des délits & des peines*, *le §. XII. de
la Question*, & le §. XL. *de l'Esprit du Fisc.*

„ Tous les hommes , (dit un céle-
„ bre anonyme) par une pitié que
„ Dieu a mife dans nos cœurs, s'é-
„ levent contre les Tortures qu'on fait
„ fouffrir aux accufés dont on veut ar-
„ racher l'aveu. La Loi ne les a pas
„ encore condamnés , & on leur in-
„ flige dans l'incertitude où l'on eft
„ de leur crime, un fupplice beaucoup
„ plus affreux que la mort qu'on leur
„ donne , quand on eft certain qu'ils
„ la méritent (c).

„ Tant d'habiles gens, (dit l'illuf-
„ tre Montesquieu ,) tant de beaux
„ génies, ont écrit contre l'ufage de
„ la Torture, que je n'ofe parler après
„ eux. J'allois dire qu'elle pourroit con-
„ venir dans les Gouvernemens def-
„ potiques : j'allois dire que les ef-
„ claves , chez les Grecs & les Ro-
„ mains. . . mais j'entends la voix de
„ la nature qui crie contre moi (d).

(c) *Commentaire fur le Livre des délits & des pei-*
nes. Art. XII.

(d) *Efprit des Loix ,* Liv. VI. Chap. XVII.

Que cette voix est touchante & per-
suasive ! qu'elle est digne d'être enten-
due ! puisse-t-elle être écoutée par-
tout, comme elle mérite de l'être,
pour l'honneur de la Justice & pour
celui de l'humanité !

F I N.